大开眼界系列百科

高清手绘版

人类社会的 360个奥秘

稚子文化/编绘

吉林出版集团股份有限公司 | 全国百佳图书出版单位

前言
Preface

　　从浩瀚宇宙中旋转的行星，到精密仪器下现身的菌落，万物都有着专属于自己的独特秘密；从原始部落里袅袅升起的烟火，到信息时代中不断飞奔的代码，历史总在我们意想不到时悄然蜕变；从史前生命进化至哺乳动物，再到人类，生命的旷世力量在漫长的岁月中蓄力爆发；从拉着马车缓慢行走，到体验飞行带给我们的便利，科学的神奇催生着一个又一个时代的变迁；从观测天象预报未来的阴晴，到淘金未果却捧红牛仔裤的巨大反转，世界因细节的改变而更加丰富多彩、魅力无限……

　　小朋友，如果你刚好对世界的每一个角落都充满好奇，如果你也像科学家一样善于观察，乐于思考，或者想知道

课本以外的广袤天地，那么，这套"大开眼界系列百科"将是你最好的选择。本套丛书分为《宇宙地球的360个奥秘》《人类社会的360个奥秘》《史前生物的360个奥秘》《动物植物的360个奥秘》四册。相对于其他的百科书而言，本套丛书中并没有太多生涩难懂的词语，而是另辟新路，采用分别列举知识点的形式来告诉孩子这个世界的千姿百态。除此之外，每一册图书都有它的主题，每一个主题精选了这一领域最令人惊奇的知识，它们可能是鲜为人知的秘密，又或是令人诧异的发现，也可能是些简单的原理揭示，相信小朋友读后一定会对这一领域有整体的认知，并激发阅读的兴趣。

书中知识话题的跳跃性较强，打破了传统百科书固有的框架结构，小朋友的思维也会跟随着阅读而不断发散和跳跃，想象力和思维能力也会得到相应的提升。另外，书中还配有颜色鲜艳、生动立体的图画，让孩子不再只面对枯燥的文字，而是在欣赏精美图画的过程中，感受知识的力量。

还在等什么？马上翻开下一页，去探索未知的世界吧！

目录 contents

生命的起源

001 地球形成的初期，滚烫的熔岩从地壳裂缝中涌出，使大气中充满了二氧化碳、水蒸气和其他多种气体。等到熔岩慢慢冷却，水蒸气便凝结成雨落在地表，逐渐积聚成海洋，这时的地球存在强烈的紫外线辐射，生命还无法存活。

◀ 从火山中喷溢出的高温熔岩。

002 在3300万年~2400万年以前，地球上出现了最早的猿类，它可能是人类以及类人猿共同的祖先。这时的它们已经处于半直立的状态，手脚也有相对明确的分工。直到新生代时期，地球的面貌已经趋于现代化，气候也出现变化，森林的面积相对减少，植被带的分化日趋明显，古猿也经常到地面上来寻找食物，并逐渐习惯直立行走，从而进入了从猿到人的过渡阶段。

▼ 人类进化演变图

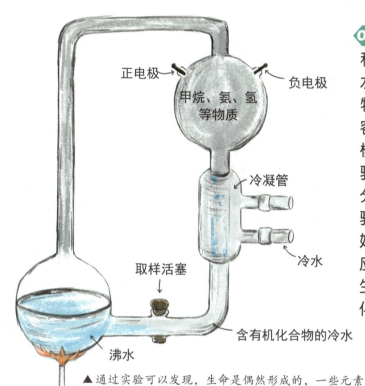

正电极

负电极

甲烷、氨、氢等物质

冷凝管

冷水

取样活塞

含有机化合物的冷水

沸水

▲ 通过实验可以发现，生命是偶然形成的，一些元素相遇后，就可能形成地球上的第一个生命。

003 1953 年，美国科学家尤列和米勒将水、甲烷、氨和氢等物质混合密封在一个容器里，进行了一次模拟生命诞生的实验，最终得到了有机分子。虽然米勒的实验并不能完全解释初始大气层的化学反应，但我们可以猜测生物可能是在相似的化学反应中诞生的。

人类的诞生

南方古猿被认为是从猿到▶
人转变的第一个阶段。与
人相似的早期灵长类动物
中最著名和最完整的化石
是 350 万岁的"露西"。

004 2300 万年至 1800
万年前，在热带雨林
地区和广袤的草原上，
存在一种独特的动
物——森林古猿，它
们是人类最早的祖先，
同时也是人类从猿类
中分化出的第一个阶
段。总的来说，就是"正
在形成中的人"。

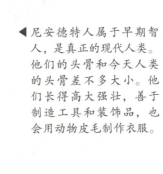

◀尼安德特人属于早期智
人，是真正的现代人类。
他们的头骨和今天人类
的头骨差不多大小。他
们长得高大强壮，善于
制造工具和装饰品，也
会用动物皮毛制作衣服。

▼ 能人化石最早是在 1960 年的坦桑尼亚发现的。据推测，能人生活在约 180 万年前，能够利用削尖的石片与敲打过的鹅卵石来制造工具。

005 在上新世晚期，一种新的可以直立行走的哺乳动物出现，这就是人类。由于史前最早的大部分人类化石都是在非洲发现的，所以人类极有可能起源于非洲。

晚期猿人是游猎者，他们▶的身高和现代人差不多，不仅会制造工具和使用工具，还能够用火取暖、煮食与自卫。

◀智人时期的人们已经慢慢学会了制作精良的工具和衣物，也会在洞穴中留下图画，甚至还会为逝去的同伴举行葬礼。

006 1956 年，在中国云南先后发现了三处腊玛古猿化石，它们分别是：开远腊玛古猿化石、禄丰腊玛古猿化石、元谋蝴蝶腊玛古猿化石。后来，人们又逐渐发现一些颅骨化石。这些都是早期人类进化过程中在中国这片土地上所留下的痕迹。

▼ 早期的古猿生活及劳动复原图。

原来如此

当代的类人猿是和人类有亲缘关系的动物，包括大猩猩、长臂猿等。

007 所谓的直立人与现代人的主要区别在于头骨与牙齿，他们的样子并不是很漂亮，但四肢骨与现代人的差别不大。爪哇猿人化石是世界上最早发现的猿人化石。

008 直立行走在人类的发展史上具有非常重要的意义。直立行走不但使人的视野变得开阔，更重要的是使得人们有机会利用双手来制造和使用工具，并促进了人脑的进化和发育。

▼人类打制石器的方法有很多种，但最基本的就是用两块石头不断地相互敲击。图中的古猿正在利用石器敲碎食物的外壳。

工具的使用

009 骨耜（sì）是河姆渡文化中的典型农具。这种工具主要是利用鹿、水牛的肩胛骨加工而成，在肩胛骨的上端凿一个横孔，下端凿两个竖孔，利用藤条将其与木棍连接在一起，一个骨耜就完成了。

▲ 骨耜相较于石器而言更加灵巧，并且不容易沾泥，适合在江南水田中使用。

010 骨针是人类最早期的缝纫工具。山顶洞人的骨针的发明在染织史上具有重大意义。

▲ 尽管骨针当时只用于制作装饰品，但却为新石器时代磨制工具的出现奠定了基础。

011 燧石也被称为"火石"，它十分坚硬，所以破碎后会产生非常锋利的断口，也因此受到原始人的重视与青睐，石器时代大部分的石器都是由燧石打击制造的。

◀ 图中是在西班牙发现的燧石刀片，它是欧洲最古老的燧石刀片，距今约有140万年。

012 石斧与石镰都是远古时期所运用的石制工具。石斧相对来说较为笨重，多用于砍伐。新石器时代的石镰则是重要的收割工具。

▲ 起初的镰刀是用动物的牙齿骨骼制作的，也正因为如此，后来的石镰都带有锯齿。

013 最简便实用的工具就是木棍与木叉了，木叉多用于寻找食物，木棍用来保护自身安全和捕猎。

◀ 木叉和木棍为当时人们的捕食与生活提供了便利。

两河文明兴起

014 两河文明中的两河主要指底格里斯河与幼发拉底河两条河流及其沿岸地区，是人类文明的最早诞生地之一。

015 苏美尔人在公元前 5000 年左右便定居在两河之间富饶的土地上，一些较为原始的村落慢慢变成了城市。公元前 3500 ~公元前 3200 年，这里成为地球上第一片文明开化之地，同时产生了苏美尔文明。

约 1 万年前，这里出现了农▶业文明，人们在这里经营农业，建立村庄。

016 苏美尔人曾发明了一种象形文字，后来这种文字逐渐发展为楔形文字，成为已知最古老的人类文字之一。这种文字大多刻在黏土板上，笔画看起来与木楔十分相似，便因此得名。

017 伊什塔尔在两河文明中占有至高无上的地位，是掌管爱情、战争以及生育的女神。人们为她建造神庙，供奉祭品。

◄ 有些神话中，她也被描述成为冷漠无情的神，杀死了自己的丈夫和情人。

与此相关 苏美尔城邦主要指两河地区出现的一些城邦国家，它们大多由几个农村公社围绕着一座中心城市组成。

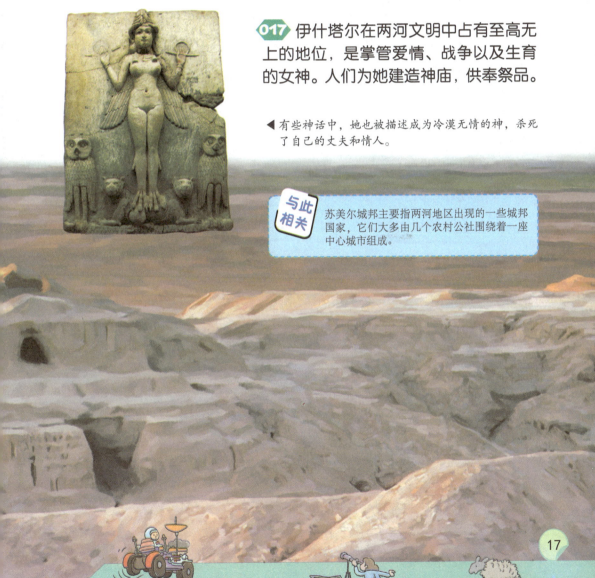

四大文明古国

018 长城也被称为万里长城，是我国古代的军事防御工程。长城主要由城墙、关塞、烽火台等组成，上面有军队驻守。关塞在和平时期开放为市场，方便了商品的流通，战争时期也能够作为军队进出的要道。

019 长城内外两道墙是平行的，一般高约 9 米，中间是通道，大部分是先铺上石头和泥土，再覆盖上砖块建造而成的。

▼ 秦始皇为抵御匈奴来犯，将原秦、赵、燕三国的旧长城连接起来，建成了雄伟的万里长城。

020 中国古代文明所涵盖的范围十分广泛，除了广为人知的万里长城之外，周易文化、礼乐文化、儒家思想、道家思想、汉服文化等都使得中华民族的古代文明熠熠生辉。

与此相关 华夏是中国的古称，华大意是指荣、美，夏则有大之意。

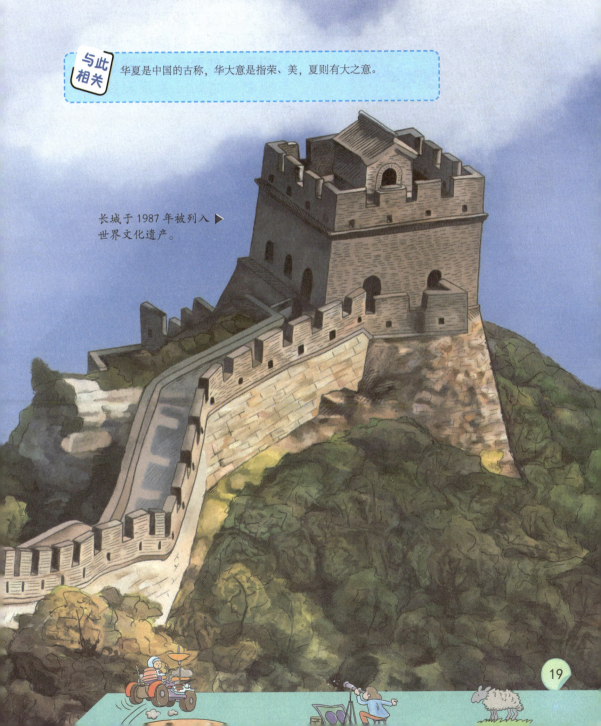

长城于 1987 年被列入 ▶
世界文化遗产。

021 公元前 4000 年前后，古埃及人创造了象形文字。所谓的象形文字是指用一些特有的图形来表示一定的事物与概念，比如三条波浪线就代表"水"。

▲ 象形文字来自于图画文字，是一种原始的造字方法，具有极强的象征性。

022 古埃及人利用莎草制成书写的载体。莎草是一种水生植物，埃及人把它们割下来，切成片，再利用树胶将它们粘连在一起，压平、晒干后就可以在上面书写文字了。

▲ 莎草是古埃及文明的一个重要组成部分，古埃及人利用这种草制成书写载体，曾被腓尼基人、阿拉伯人等使用。

023 巨大的斯芬克斯是一座守护埃及吉萨金字塔的半人半狮雕像。建造这座雕像，是为了展示已故法老卡夫拉雄狮一般大无畏的精神，具有深刻的纪念意义。

▲ 狮身人面像

◀ 古埃及时期的国王也被称为法老，他们为自己修建了巨大的陵墓——金字塔，金字塔便成了一种权力的象征。

原来如此

埃及太阳历是人类最早的历法，它是古埃及人根据尼罗河的泛滥周期所制定的。

024 巴比伦王国的地理位置十分优越。它处于幼发拉底河中游，是西亚贸易的中心。

025 巴别塔是古巴比伦时期著名的建筑。这座塔高度达 90 米，塔顶上有一座神庙，用来祭祀掌管世间万物的神。就当时人类的技术水平来讲，能建造出这样一座塔，实在令人称奇。

巴别塔 ▶

026 《汉穆拉比法典》是世界上已知最早的一部成文法典。它没有被书写在纸张上，而是被雕刻在一根高 2.25 米的黑色玄武岩柱上。这部法典在公元前 18 世纪由古巴比伦国王汉穆拉比颁布，共有 282 条，涉及诉讼程序、财产权、损害赔偿、婚姻家庭、继承权以及奴隶买卖等内容。

《汉穆拉比法典》是迄今为止世界上最早▶的一部完整保存下来的成文法典。

▲ 公元前 1894 年巴比伦人在美索不达米亚平原确立了统治地位，建立了古巴比伦王国。

▲ 考古学家在哈拉帕文明遗址中发现了一些方形的小印章，但印章上面的内容至今也无人能破解。

027 现在的"印度"与古时候的"印度"具有很大的差异。在古代，印度并不是一个统一国家的名称，而是一个关于地理范围的概念，它包括现在的印度、巴基斯坦、孟加拉国等国，总面积400多万平方千米。

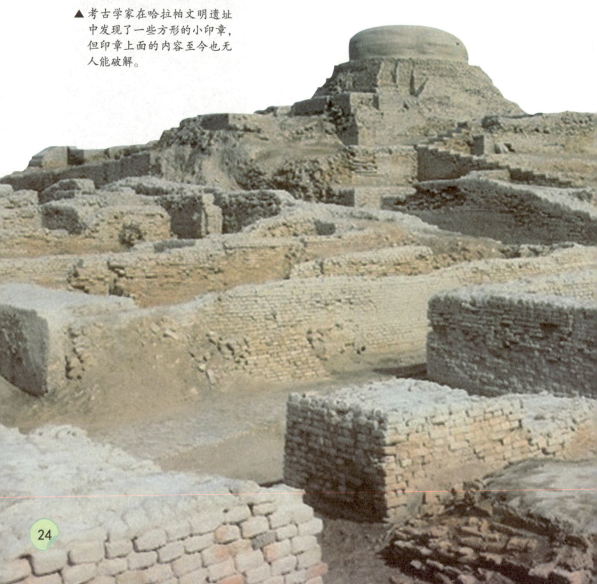

与此相关 雅利安人入侵印度后,利用诗歌的形式来记录生活,并集结成册,称为《吠陀》。《吠陀》一共有四部,分别是最重要最古老的《梨俱吠陀》,以及后期的《娑摩吠陀》《耶柔吠陀》《阿闼婆吠陀》。

028 印度自古以来就是一个多民族聚居的国家,民族和语言都十分复杂。哈拉帕文明就是印度最早的居民达罗毗荼人所创造的,他们建立了哈拉帕和摩亨佐达罗这样的城市。这时的人们已经懂得对金属进行热加工和冷加工,商业贸易也逐渐发展起来。哈拉帕文明延续了400年左右。

▲哈拉帕时代所运用的主要路上运输工具就是图中古老的畜力车,一般都是由公牛牵引。

▲母亲神

029 玛哈·德维是古印度人敬仰的一位母亲神,人们将她塑造成丰乳肥臀的形象,以表现她的生育能力。

030 爱琴文明是整个欧洲文明的源头，它兴起的年代与此地区开始制作青铜器的年代一致。当时，人们在建筑、绘画和手工制作方面都有很高超的技艺。

◀爱琴文明时期的建筑物。

031 迈锡尼文明是古希腊青铜时代的文明。据说迈锡尼城是由古希腊的大王阿伽门农统治的，是古希腊最富裕并且最强盛的国家。迈锡尼以其宏伟的宫殿、美丽的城堡与埋葬着国王的蜂窝状陵墓而著称。

▲ 迈锡尼城堡遗迹

032 克里特文明是迈锡尼文明之前的青铜文明，也是欧洲文明史上的第一个重要文明。在古希腊的神话中，克里特岛由宙斯与欧罗巴之子米诺斯统治。公元前2500年前后，克里特岛进入了青铜时代。后来，米诺斯统一了全岛，并建立国家，修建宫殿，克里特文明至此发展到了鼎盛时期。克里特文明也被称为米诺斯文明。

033 奥尔梅克文明是美洲最早的文明，有着"美索美洲母亲文化"之称。1938 年，有人在墨西哥湾附近的森林里发现了十几座巨大的玄武岩石像，这些多是雕制于公元前 1200 年至公元前 400 年的巨石头像，以厚嘴唇、塌鼻子为最典型的特征。

034 半人半美洲虎神是奥尔梅克人的最高神。美洲虎是当时美洲大陆上最强大的食肉动物，印第安人为了表达崇敬之情，便根据美洲虎的形象制作了很多礼仪用品。

035 奥尔梅克文明时期的雕刻艺术极为发达。奥尔梅克人能够将绿色的硬玉或是翡翠等制作成精美的雕塑品。这种文化传统后来为中美洲古印第安人所继承。

▲ 比较常见的玉石制品就是小型的人物或动物雕像。

036 古印第安人利用天然矿石作为颜料，在岩石上或洞穴中绘制出精美的图画。

▼巨石头像是奥尔梅克文明中最主要的代表，这些石像通常是由整块的玄武岩雕制而成。一般认为，这些石像的原型应该是奥尔梅克的领袖。

玛雅人的金字塔以及大部分的建筑物都是由石头垒成的。除此之外，他们采用与宗教相关的图案或象形文字来装饰金字塔。▶

097 玛雅人修建了巨大的石结构金字塔，塔里面有神庙、顶部有天文台。库库尔坎金字塔是玛雅城市奇琴伊察最大的金字塔。库库尔坎金字塔四面都有台阶，每一面有 91 级台阶，加起来一共 364 级台阶，再加上塔顶上的羽蛇神庙，共有 365 阶，象征着一年中的 365 天。

与此相关 金字塔的石阶之下隐藏着国王的陵墓。人们把死去的国王葬在神庙之下，当作神来祭奠。

038 奇琴伊察修建于公元 514 年，是古玛雅帝国最大、最繁盛的城邦。在这座城邦中，有数百座建筑物，是古玛雅文化和托尔特克文化的遗址。分布于奇琴伊察南北两侧的建筑物都独具特色：南侧具有鲜明的玛雅文化特色，有金字塔神庙、柱厅殿堂、球场以及天文观象台等以石雕装饰物为主的建筑物；北侧则以朴素线条装饰的灰色建筑物为主。

奇琴伊察城邦遗址 ▶

099 尤卡坦半岛是公认的玛雅文化的故乡。从 18 世纪到现在，人们已经在这里发现了数十个玛雅文化遗址。

◀ 尤卡坦半岛是玛雅人的故乡，是古玛雅文化的摇篮之一。

040 图中所显示的是玛雅人用于记录的符号，玛雅人也是美洲唯一留下文字的民族。公元 292 年，玛雅文字出现，直到 5 世纪中期才普及到整个玛雅地区。

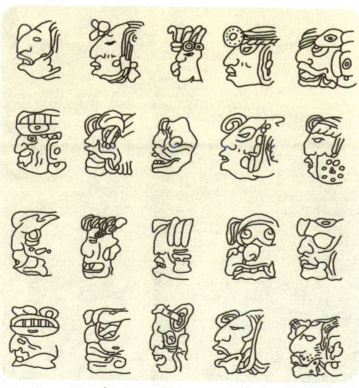

◀ 玛雅文字不仅有象形字，还有形声字与会意字。

041 印加文明是由南美洲印第安人发展起来的文明，主要发源于南美洲安第斯山脉。15世纪末，印加人征服了114万平方千米的广大领土，人口超过1000万，建立了一个巨大的、有条不紊的帝国，兴建了库斯科、马丘比丘等城市。印加帝国的最高首脑是印加酋长，被人们当作神来崇拜，他对所有的臣民都有绝对的统治权。

042 马丘比丘是一座规模巨大的古城，位于现今的秘鲁，整个遗址高耸在海拔约 2300 米的山脊上。它是当时印加人的宗教圣城和神学、天文学的研究中心。

▼ 现今，人们也可以在遗址内看到保存完整的神庙、宅邸等。马丘比丘为热带丛林所包围，被称为新世界七大奇迹之一。

你知道吗?

马丘比丘在克丘亚语中表示"古老的山"之义，也被称为"失落的印加城市"。这里不仅是备受人们推崇的旅游胜地，也是南美洲最重要的考古发掘中心。

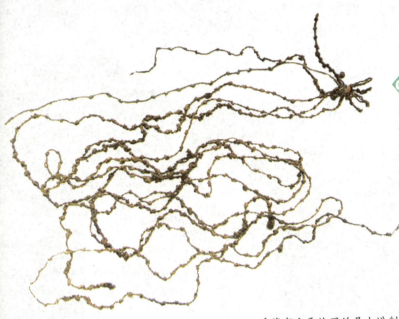

043 印加人创造了用来记事的葵布，这种葵布由若干条不同长度、不同颜色的绳子组成，记录了印加人生活的方方面面。

◀ 葵布主要使用的是十进制的计数体系，结在绳子上的位置就能够表明它们的数位。一般来说，离主绳的位置最远的结是个位，然后依次为十、百、千。

044 图中的石头虽然看起来非常平凡，但却是印加人的灵魂。它矗立在高山之巅，远看呈"凸"字形，是印加人所崇拜的太阳的象征。

印加人认为，巨 ▶
石矗立的地方就
是世界的中心。

045 太阳门是由一个巨型石板雕刻而成的石门。横眉上刻着花纹，中间刻着一个手握权杖，头戴美洲狮装饰头巾的太阳神。不仅如此，权杖上还有象征着太阳的秃鹰形象。

▼ 太阳门号称"世界考古最伟大的发现之一"。

046 雅典卫城始建于公元前 580 年，是综合性的公共建筑，也是祭祀雅典守护神雅典娜的圣地。每逢宗教节日或是国家庆典，公民都会列队上山进行祭神活动。雅典卫城是古希腊最杰出的建筑群，也是古希腊建筑的代表之作。雅典卫城中的庙宇与雕刻等都展示了古希腊的文明精华，无可非议地被视为人类重要的文化遗产和建筑精品。

047 帕特农神庙是雅典人奉献给雅典保护神雅典娜的完美之作。它建于公元前 447 年至公元前 438 年，整个建筑展现了黄金分割比例的美学效果。

▲ 帕特农神庙

048 科洛西姆竞技场是古罗马时期最大的圆形角斗场，是在公元72至80年间由4万名战俘建造起来的，专供奴隶主和贵族们观看角斗。通常情况下，参加角斗表演的人多是一些罪犯、战俘和奴隶，他们会先被送到专门的角斗士学校进行培训，然后与对手或是猛兽进行对决，供统治者取乐。

▼整个古罗马竞技场占地2万平方米，
　场内可同时容纳5万多人。

伟大的古代建筑

049 吴哥窟是世界上最大的庙宇，12 世纪时的吴哥王朝国王苏耶跋摩二世花了大约35年的时间才建造成的规模宏伟的石窟寺庙，并以此作为吴哥王朝的国寺。吴哥窟是高棉古典艺术和建筑的巅峰。

050 罗马古城庞贝约建造于公元前 6 世纪，是一座历史悠久的古城。公元 79 年毁于维苏威火山喷发。庞贝古城在地下沉睡千余年后，终于被人发现。由于被火山灰掩埋，街道和房屋都保存得比较完整。

◀ 1992 年，联合国教科文组织将吴哥古迹列入世界文化遗产。

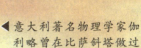

意大利著名物理学家伽利略曾在比萨斜塔做过自由落体实验。

051 比萨斜塔始建于 1173 年，在工程开始后不久便由于地基不牢而倾斜，在 1372 年完工后，比萨斜塔以每年 1 至 2 毫米的速度倾斜，如今的倾斜程度为 3.99 度。

古代七大奇迹

052 奥林匹亚宙斯巨像建造时间大约是公元前457年。宙斯在古希腊神话中是众神之神，神像所在的宙斯神殿则是奥林匹克运动会的发源地。神殿是由表面铺上灰泥的石灰岩建成的，大殿的顶部则用大理石进行搭建。神殿共由34条石柱支撑，内部有很多雕像，带有很强的雅典风格。

053 阿尔忒弥斯神庙是古希腊最大的神庙之一，它的规模远远超过了帕特农神庙，也是最早的完全用大理石建造的建筑之一。

054 胡夫金字塔是古埃及最大的金字塔，有40多层楼房那么高。它是人类历史上最宏伟巨大的建筑物，同时也是隐藏着无穷奥秘的神奇博物馆。事实上，最早的金字塔是阶梯形的，然后又发展出了弯曲金字塔，最后演变成了我们今天所看到的样子。

◀传说此空中花园是巴比伦国王尼布甲尼撒二世为其患思乡病的王后所建造的。

055 巴比伦空中花园实际上是一座大假山，它的总周长达500多米，高25米，用石柱和石板一层一层向上堆砌，直达高空。假山分为上、中、下三层，每层铺上浸过柏油的柳条垫，以防渗水。然后再在上面铺两层砖头，浇铸一层铅。经过这些措施之后，才在上面一层一层地撒上肥沃的泥土，种植许多奇花异草。这些花草远看好像长在空中，所以叫作"空中花园"。

◀在大金字塔的旁边常有一些规模较小的金字塔，它们是法老王后的陵墓。

056 哈利卡纳苏斯陵墓也被称为摩索拉斯基陵墓，它的底部建筑为长方形，面积约 1200 平方米，整个建筑物都被周围的墩座墙围住，旁边还用石像作为装饰。最瞩目的便是陵墓顶部的雕像，是四匹马拉着一辆战车，十分威风。

057 亚历山大港灯塔大约在公元前 281 年建成，它与其他几大古代奇迹有所不同，亚历山大港灯塔不具备任何一种宗教色彩或是重大的意义，纯粹是为人民的实际生活而建。灯塔的光亮在夜晚照耀着整个亚历山大港，保护着海上航行的船只。

▲ 亚历山大港灯塔是当时世界上最高的建筑物。

058 希腊罗得岛太阳神巨像建在罗得港口的入口处。这座雕像是罗得岛人在击败了侵略者后，利用敌人丢弃的青铜兵器铸造出的雕像。雕像修筑了约 12 年的时间，雕像的内部是空的，用石头和铁等支柱加固。传说中雕像是两腿分开站在港口上，船只从雕像的两腿之间行驶过去，十分有趣。

▲希腊罗德岛太阳神巨像的存在
时间十分短暂，仅建成56年就
被一次剧烈的地震损坏了。

059 1974 年 3 月，在陕西西安附近发现了深埋地下的秦始皇陵兵马俑。三个兵马俑的坑中出土了约 8000 个兵马陶俑，其中的兵俑有的骑着马，有的坐着战车，排列成整齐的队形，看起来十分壮观，同时也直观地再现了秦朝军队兵强马壮的宏伟场面。

060 赵州桥坐落在河北省赵县洨河上，始建于公元 595 至 605 年，是当今世界上建成时间第二早，保存最完整的古代单孔敞肩石拱桥。全桥只有一个大拱，大拱的两肩上，各有两个小拱，这样的设计不仅能够节约石料、减轻桥身的重量，还能够在河水暴涨时增加桥洞的过水量。

事实上，起初兵马俑是带有颜色的。根据历史文献的记载，兵马俑是按照不同的官阶来分别进行涂色的。只是经过了上千年的岁月洗礼，它们渐渐褪色，变成了现在的陶俑。

你知道吗?

兵马俑从身份上区分，主要有士兵与军吏两大类，军吏又有低级、中级、高级之别。一般士兵不戴冠，而军吏戴冠，普通军吏的冠与将军的冠又不相同，甚至铠甲也有所区别。

061 龙门石窟位于河南省洛阳市，是在北魏到晚唐的400多年间修凿的。其中北魏修建的古阳洞、莲花洞，唐代修建的极南洞、万佛洞等都是十分有名的洞窟。

▲ 龙门石窟中的佛像带有十分浓重的唐代艺术色彩。

062 乐山大佛位于四川省的乐山市，是唐朝时期依凌云山的山崖开凿而成的。乐山大佛是一尊弥勒坐像，高约71米，是世界上最大的石刻佛像。

"山是一座佛，▶ 佛是一座山"说的便是乐山大佛。

069 莫高窟始建于十六国时期。相传，曾经有一位僧人路过敦煌鸣沙山，傍晚时分，他见山上金光闪闪，像是有千万尊佛像在金光中闪耀。僧人认为这里一定是圣地，就在山上开凿了第一个石窟。后来经过这里的人纷纷修建佛窟。直到唐代，石窟已经多达1000多个，这里就是莫高窟，也称千佛洞。

▼ "九层楼"是莫高窟的标志性建筑，檐角系着铃铛，
　风吹铃铛响。

064 甲骨文是中国的一种古代文字。所谓的甲骨文就是刻在龟甲或是兽骨上的文字，主要记载的是占卜活动的进行情况与结果，一般都刻于甲骨的正面，也有刻写在反面的。

▲ 绝大部分的甲骨文都在中国安阳市的殷墟内被发现，殷墟是著名的殷商时期遗址。

065 中国在夏代就已经进入了青铜时代，铜的冶炼和铜器的制造技术都十分发达。金文其实就是铸刻在青铜器上的文字，也称为铭文。

▲ 因为周朝又把铜叫作金，所以铜器上的铭文也称为"金文"。

▲ 隶书起源于秦朝，也称汉隶，是较为常见的一种汉字字体。

▲ 大篆

▲ 小篆

066 大篆是西周晚期普遍采用的字体，相对之前的文字来说，大篆趋于线条化与规范化。小篆则是在秦统一六国以后，在秦国原来使用的大篆籀文的基础上进行简化而得来的，秦始皇以小篆作为标准，统一全国文字。

▲ 楷书由隶书演变而来。文字更加简化，横平竖直，这种字体就是我们现在通用的正体字。

▲ 行书具体分为行楷和行草两种，是介于楷书与草书之间的一种字体。

◀ 草书形成于汉代，具有结构连绵、笔画简省的特点。

067 古埃及在公元前 3000 年之前就出现了成熟的文字，被称为"圣书字"。它由意符、音符和定符组成，起初约有 700 个符号，后来不断增加，直到公元前 500 年左右发展到 2000 个以上。

▲ 东巴文的文字形态非常原始，甚至比甲骨文还要久远，属于文字的早期形态。它是一种原始的图画象形文字，约有 1400 个单字，词语丰富，能够记录复杂的事件，甚至还能够用来赋诗写作。

068 西夏文也被称为番文，从文字的形态可以看出，它是一种独立于汉字之外的全新的方块文字。西夏文模仿了汉字的构造方法，但笔画繁多，结构复杂，就连汉字中最为简单的数字，在西夏文中笔画也十分繁杂。

		D36	a	
		G43	w	
		D58	b	
		Q3	p	
		I9	f	
		G17	m	
		N35	n	
		D21	r	
		O4	h	
		V28	H	
		J1	x	
		F32	X	
		O34	z	

▲ 圣书字与早期象形文字的主要区别是除了原有的表意符号外，还增加了表音符号。

▲ 西夏人的文字已经失传，全部的西夏文约 5000 字。

069 早期的苏美尔人在清点货物时，会用凿子在黏土板上刻下各种标记符号。随着这套象征性符号的不断完善，苏美尔人发明了最早的文字，即楔形文字。

B		?		P	
G		Y		Ṣ	
D		K		Q	
H		L		R	
W		M		Š	
W		N		T	
Z		S			
Ḥ		'			

▲ 女真文是中国古代少数民族女真人用来记载女真语的文字。女真文分为女真大字和女真小字，字体结构简单，书写方式自上而下，从左向右换行。

▲ 在腓尼基出现了第一部字母表，图为 22 个腓尼基字母。

070 在所有的文字形态中，拼音往往会被人忽视。其实，拼音也是文字历史中较为重要的存在者与参与者。早期的西方传教士来到中国传教，为了学习汉字，他们便用拉丁字母来拼写汉语，这也算是拼音的最初形态。

亦 yǔ　　故 cú　　以 ì

其 Rî　　信 sin　　竟 Kim

也 yè　　我 ngò　　使 sù

▲ 第一个用拉丁字母拼写汉字读音的是意大利人利玛窦。他于 1583 年来到中国，1605 年在北京出版了《西字奇迹》一书，内有《信而步海，疑而即沉》等四篇文章。

中华大地上的四大发明

▼切麻

◀蒸煮

打浆▶

◀抄纸

◀ 洗涤

浸灰水

071 所谓的造纸术并不是简单地将材料混合在一起，也需要一定的工序。首先利用蒸煮的方法让原材料进行分离，然后将分离后形成的纤维状的原材料进行切割、帚化，形成纸浆。接着把纸浆渗水制成浆液，利用捞纸器将纸浆变成薄片状的湿纸，最后将它晒干，揭下来就成了能够书写的纸张。

▲ 揭纸

▲ 晒纸

072 造纸术发明初期，造纸的原料主要是树皮和破布。直到东汉时期，蔡伦将造纸术进行改造，将树皮、麻头、破布和渔网等原料混合在一起，创造出一种原材料便宜且便于寻找的新型纸，后人称这种纸为蔡侯纸。

073 在印刷术发明之前，文化的传播主要依靠手抄书。手抄书不仅费时费力，而且还会出现抄错、抄漏的现象，从而直接影响到文化的传承与发展。

▲ 毕昇发明了活字印刷术。

074 雕版印刷术发明于唐朝，在唐中后期普遍使用。但相比之下，活字印刷术可谓更胜一筹。活字印刷术在一定程度上弥补了雕版印刷术的不足，只要事先准备好足够的单个活字，就能够随时进行拼版，加快了制版速度，并且活字容易保存，可以重复使用。

075 火药发明至今已有1000多年的历史，它的发明是人类文明史上的重要成就。它具有很强大的杀伤力和震慑力，能够遏制战事，起到安全防卫的作用。

◀火药的发明最早起源于炼丹术。

076 司南是汉朝时期，人们利用磁铁制造的指示方向的工具。它是中国古代四大发明之一，是全世界最早的指南针。司南被制成勺状，使用时将它放在一个表面光滑、水平放置的盘中间，用手拨动它的柄，使其转动；当它停止时，勺柄就指向南方。司南的发明，对中华文明的发展起到了推动作用。

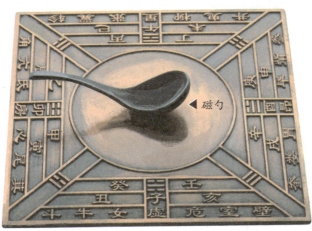

◀磁勺

◀司南这一名称始于战国时期。

秦朝的 "大一统"

077 秦朝是中国历史上第一个大一统的王朝。公元前 221 年，东方六国全部为秦国所灭，结束了春秋以来诸侯割据纷争的局面，建立了中国历史上第一个统一的多民族封建国家——秦朝。

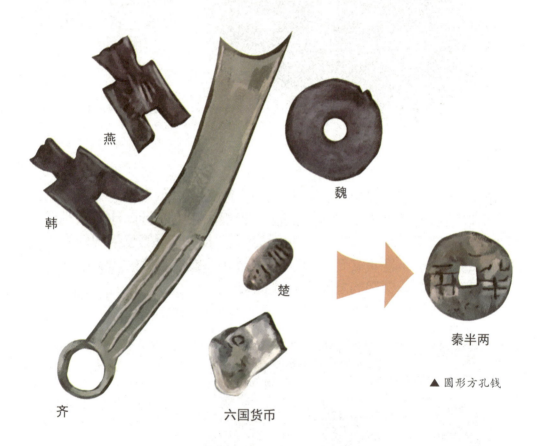

燕

韩

齐

魏

楚

六国货币

秦半两

▲ 圆形方孔钱

078 秦半两的流通范围十分广泛，西至河西走廊，东到山东、江苏，北达内蒙古，南抵广东，东北到达辽东半岛，西南进入大渡河上游。由此说明，秦半两是当时全国通用的货币。

079 秦朝建立后，在地方实行郡县制，将全国分为三十六郡，郡下设县。除此之外，还废止了原来六国的货币，规定以黄金作为上币，以圆形方孔钱作为流通的货币。

秦衡

秦量

080 度量衡中的度为长度，量为体积，衡为重量。度采取"举足为跬，倍跬为步""步过六尺者罚"作为丈量之法。量在当时容积为 16.2 立方寸，换算成现今常用计量单位，约合 200 毫升。衡的标准器则是一个被称作"禾石"的物体，秦禾石约为当时的 120 斤，实测重 30750 克，折合每斤重 250.3 克。

081 秦统一六国后，对文字也进行了调整，规定以小篆作为规范文字，通用于公文法令，如"马"字的书写方式见下图：

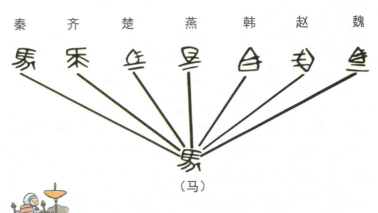

秦　齐　楚　燕　韩　赵　魏

（马）

082 隋唐大运河南起余杭（现浙江杭州），北达涿郡（现北京），西抵长安（现陕西西安），全长2000多千米，包括广通渠、永济渠、通济渠、邗沟、江南河五段，沟通了海河、黄河、淮河、长江、钱塘江五大水系。

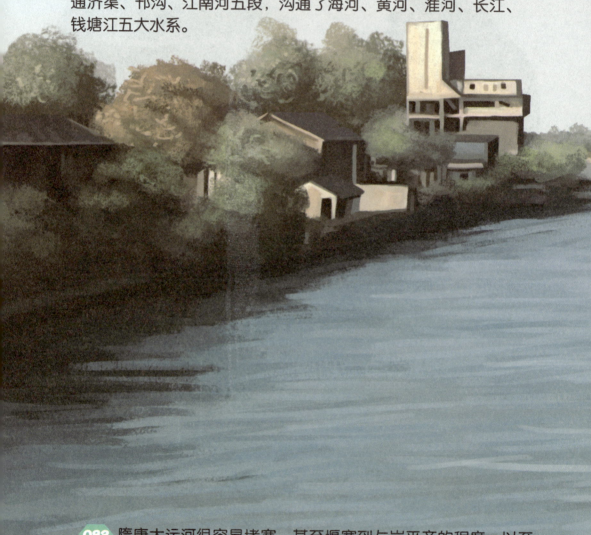

083 隋唐大运河很容易堵塞，甚至堰塞到与岸平齐的程度。以至于在唐、后周、北宋时期要经常开凿、疏浚、整修，才能令隋唐大运河继续使用。直至南宋时期，因未能及时疏浚等，大运河的部分河道淤塞，因此衰落。

084 中国古代很早就有利用自然水源修筑人工运河、灌溉农田和进行运输的历史。据记载，在春秋时期，吴王夫差就于长江与淮河之间开凿了一条运河，叫作"邗沟"，之后各个地区为了经济发展，交通方便也都开凿了运河，其分布遍及了大半个中国，这些四通八达的河道为后世开凿隋唐大运河奠定了基础。

◀ 2014年6月，包括隋唐大运河、京杭大运河、浙东运河在内的三大部分十段河道被列入世界文化遗产。

你知道吗?

隋唐大运河的遗址大体分为两部分：一种是在地面上，比如沿岸的古城、古佛；另一种是在地下，是考古挖掘出来的古桥、古码头、古仓窖和古瓷器。前者中的古城墙，比如河南鹤壁市的黎阳镇等，因地势较高，所以才保存至今。

海上航线的开辟

085 郑和下西洋所到达的国家和地区约 30 个。主要有孟加拉湾、波斯湾、马尔代夫群岛、阿拉伯海等地。最终抵达非洲东海岸。除此之外，郑和的船队还用中国所特有的瓷器、丝绸等交换各国的珠宝、香料，促进中、外贸易的同时也加强了各国的政治、文化的交流。

086 1487 年，葡萄牙航海家迪亚士率领一支由三条船组成的探险队出发，沿着非洲西海岸南下，最终到达非洲西南的海角，也就是今天的好旺角，打开通往印度的航路。

▲ 迪亚士的全名为巴尔托洛梅乌·缪·迪亚士，他是第一个绕过好望角的欧洲人，为新航路的开辟奠定了基础。

087 哥伦布首次远航探险在航海史上具有重大意义。他们一行人到达了美洲东部中段的印度群岛的两个大岛以及若干小岛，由此揭开了发现新大陆的帷幕。

088 斐迪南·麦哲伦是最有勇气的航海家之一。他的船队历时三年完成了首次环球旅行，也借此证明了地球是圆形的。无论是从西往东，还是从东往西，毫无疑问，都可以环绕我们这颗星球一周回到原地。

中国近代史开端

089 林则徐于 1838 年底受命赶赴广东查禁鸦片。第二年，林则徐在虎门海滩上当众销毁了收缴的英、法两国的鸦片，沉重打击了侵略者的嚣张气焰。

090 虎门销烟是中国历史上最为著名的打击毒品的事件，在一定程度上遏制了鸦片在中国的泛滥。虎门销烟开始的 6 月 3 日，在民国时期被定为禁烟节，而虎门销烟结束于 6 月 26 日，也就是现今的国际禁毒日。

▼ 虎门销烟共历时 23 天，销毁鸦片的总重量达 115 吨左右。

091 1840 年 6 月，英国发动了鸦片战争，落后的清军被装备现代武器的英军打得大败。1842 年 8 月，清政府为此被迫与英国签订了《南京条约》，中国开始沦为半殖民地半封建的国家。

092 1856 年，英国为了进一步扩大在华权益，与法国一起发动了第二次鸦片战争。清政府无力抵抗，再次被迫签订了多个不平等条约，例如 1858 年的《天津条约》、1860 年的《北京条约》。清政府不仅支付了巨额的赔款，还失去了大片的领土。

> **与此相关** 《南京条约》规定，清政府割让香港，赔款 2100 万银元，开五口通商，清朝关税由中、英双方协定等。

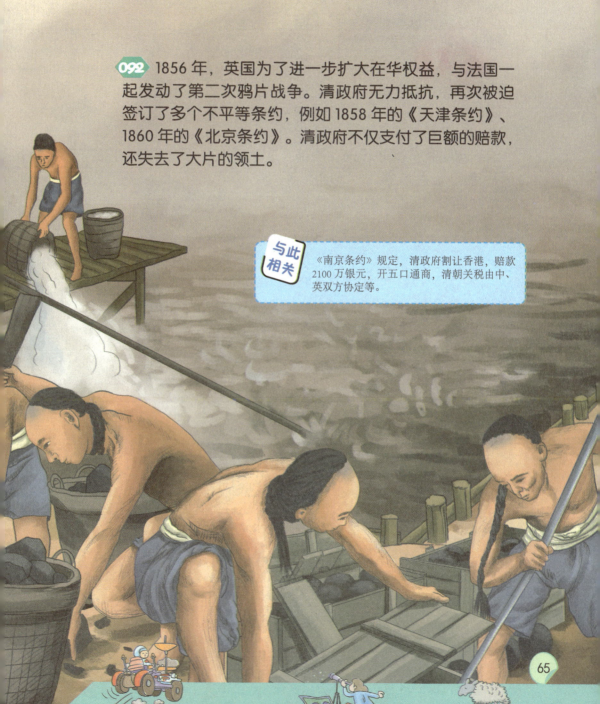

中国最美皇家园林的毁灭

093 1856年10月，英军炮轰广州，重新挑起战争。为了迫使清政府尽快答应他们开出的条件，1860年10月6日，英法联军占领圆明园，并对圆明园内的大量奇珍异宝进行掠夺，只要是可以装得下、拿得走的宝物就全都收起来，而带不走的就直接毁掉。最后，圆明园在火海之中化作一片废墟。

八国联军的掠夺

094 自从 1894 年甲午中日战争中国战败，与日本签订《马关条约》，中国的国际地位一落千丈，西方列强便开始对中国这片地域垂涎三尺，趁机对中国出兵。其中最为有名的便是八国联军侵华战争，他们结队一起烧杀掠夺。直到现在，巴黎、伦敦的博物馆中还有很多当年被抢掠去的珠宝与文史典籍。

▼ 八国联军攻进北京城。

与此相关 八国联军侵华战争中的"八国"主要指的是向中国派遣联合远征军的大英帝国、美利坚合众国、德意志帝国、俄罗斯帝国、法兰西第三共和国、日本帝国、奥匈帝国、意大利八国。

095 保路运动也被称为"铁路风潮"。1911年5月，清政府以修路为名，将已归民间所有的部分铁路的修筑权收归"国有"，随即卖给了英、法、德、美四国的银行团，对此，中国民众奋起反击，掀起了保路运动，成了武昌起义的导火索。

096 清政府为了压制民众，特派湖北新军镇压。革命人士就此决定在武昌起义，并约定以枪声为号，于1911年10月10日晚发动起义。

▼武昌起义

097 武昌起义取得胜利后，湖南、广东等十五省陆续宣布脱离清政府独立。直到 1912 年 1 月，中华民国政府在南京成立，并推举孙中山为临时大总统。

098 孙中山先生创建民国后，实行民主政治，颁行促进资本主义发展的政策和法令，并制定了中国第一部具有宪法性质的《中华民国临时约法》。

▲ 孙中山先生毕生坚持"三民主义"，推行共和体制。

五四青年节的由来

099 第一次世界大战结束后，以胜利的协约国集团为主导召开的巴黎和会否定了中国代表所提出的取消"二十一条"等合理要求，决定由日本接管德国在山东的一切特权。消息传到国内后，群情激奋，成为"五四运动"的直接导火索。

100 1919年5月4日，北京十三所学校的三千多名学生，集会于天安门前，要求取消"二十一条"、拒绝在和约上签字，高呼"外争主权，内除国贼"等口号，会后学生们沿街游行示威，"五四运动"就此爆发。

101 五四运动作为中国新民主主义革命的开端被篆刻在人民英雄纪念碑上。为了弘扬五四精神，1949 年 12 月，5 月 4 日被定为中国青年节。

▼ 从 5 月 1 日开始，北京的学生纷纷罢课，组织演讲、宣传，随后天津、上海等地的学生、工人也给予支持。

中国的多彩民族

102 中华民族共由 56 个不同的民族组成，他们有着不同的语言与文字，还有着专属于本民族的服饰与文化。

103 中华民族还有个别称——"中华儿女"。最初中华民族只单一地指汉族，后来随着社会的进步与发展，中国变成了统一的多民族国家，中华民族也随之有了更丰富的内涵。

▼ 不同的民族

104 每个民族都有自己的传统服饰，例如朝鲜族女子喜欢穿宽松的裙子，上衣最大的特点就是斜襟。男女服饰也有所差异，男人穿裤，女人穿裙。

105 傣族女子喜爱穿窄袖的短衣和筒裙，这样的服饰搭配刚好将她们修长苗条的身材展示出来。男子多穿无领对襟的袖衫，下面穿长裤，头被青布或白布包裹，有的也会戴个礼帽，显得十分特别。

▲ 朝鲜族自古有"白衣民族"的美称。

孔雀舞是傣族最 ▶
为擅长和最具代
表性的舞蹈。

106 摔跤在蒙古语中称为"搏克"，是蒙古族的传统体育活动，也是一种特别的娱乐活动。蒙古式摔跤具有独特的民族风格，参加摔跤的人身穿铜钉牛皮坎肩，头部缠着红、黄、蓝三色头巾，脚上穿着特有的蒙古花皮靴，脖子上挂着五彩飘带，看起来十分威风。

▲ 蒙古式的摔跤不分等级，采取淘汰制的方式决出胜负。

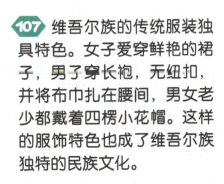

107 维吾尔族的传统服装独具特色。女子爱穿鲜艳的裙子，男子穿长袍，无纽扣，并将布巾扎在腰间，男女老少都戴着四楞小花帽。这样的服饰特色也成了维吾尔族独特的民族文化。

◀ 维吾尔族女子头上的花帽也是维吾尔族鲜明的标志之一。

传统节日里的乐趣

▼ 贴春联

108 春节是中国最重要的传统节日。春节虽然定在农历的正月初一，但春节的活动却并不止于此。从腊月二十三起，人们便开始打扫房屋、准备节日的用品。家家户户团团圆圆，喜气洋洋，辞旧迎新，一起包饺子、放鞭炮、贴春联，迎接正月初一的到来。

109 元宵节又称为上元节。从唐代开始，每年农历正月十五的这天晚上，人们都要吃元宵、看花灯、放烟花，甚至还会有舞龙表演。元宵节在宋代时发展成最热闹的民间狂欢节，而且花灯的样式与颜色也更加丰富，还增加了猜灯谜等游戏，这种娱乐益智活动受到人们的喜爱，并广为流传。

▼ 元宵节花灯的种类有很多，有的是仿照实物制作的形象灯，例如龙灯、兔灯等，也有根据民间故事所制作的花灯，一展工匠的智慧与技巧。

110 清明是农历二十四节气之一，一般在公历 4 月 4 日或 5 日，这时的天气逐渐变暖，万物复苏。清明节也被称为踏青节。依照民间的传统习俗，这天是扫墓的日子。

111 端午节在农历的五月初五。传说屈原在这一天投汨罗江自杀殉国，当地百姓闻讯立刻划船捞救，一直划到洞庭湖，也没能找到屈原的尸体。最后，百姓们怕河里的鱼吃掉屈原的尸体，就将家中的米团投入江中。这就是端午节吃粽子、赛龙舟的由来。

112 中秋节始于唐朝初年，又被称为团圆节。农历八月十五就是一年一度的中秋节，自古以来，人们便有在此节日祭月、赏月、拜月、吃月饼、饮桂花酒等习俗，一直流传至今。

你知道吗?

"龙舟竞赛"是在战国时期就存在的习俗。战国时期，人们在击鼓声中划刻成龙形的独木舟，做竞赛游戏。除此之外，那时的活动也带有一定的宗教性。

▼ 赛龙舟是端午节的一项重要活动，在中国南方十分流行，也是中国民间传统水上体育娱乐项目。

113 重阳节是每年农历的九月初九，每到这一天，人们有登高、插茱萸、饮菊花酒、吃重阳糕的习俗。这些习俗是从战国时期开始的，近年来中国又把这一天定为"老人节"，倡导全社会树立尊老、爱老、敬老、助老的风气。

114 中国各个民族在长期的劳动生活中，创造了许多外形精美、设计精巧的工艺美术品，例如竹编、蓝印花布、泥塑、蜡染等，都是根据各个地区不同的习俗就地取材，手工制作的。

泥人张彩塑发展至今 ▶
约有 180 年的历史。

115 泥人张是天津著名的泥塑老字号，始于清朝道光年间，创始人为张明山（1826 至 1906）。泥人张的彩塑泥人取材广泛，注重写实，人物的表情极其传神，在国内外都享有很高的声誉。制作泥塑的人在谈话之间就能够将泥塑完成，且栩栩如生。外国友人来到中国也常会将泥塑买回收藏。

116 风筝魏的创始人是清朝同治年间的魏元泰。他制造的风筝造型逼真，色彩明丽，放飞到天上后飞行十分平稳，一些风筝的表情也十分有趣，还有眨眼等特技，全国独一无二。他的风筝作品至今都有人收藏。

风筝魏的风筝 ▶

117 杨柳青年画产生于明朝崇祯年间，在继承了宋、元绘画传统的同时，还将木板套印和手工彩绘相结合，形成了独特的风格。天津的杨柳青年画至今已有300多年的历史，杨柳青年画色彩艳丽，善于运用夸张的手法来展现喜庆的氛围，具有浓郁的地方色彩。

◀《年年有余》是杨柳青年画中最著名的作品。

▼ 剪纸艺术已被列入国家级非物质文化遗产名录。

118 中国许多地方都有剪纸艺术，各地的剪纸都带有自己的特色，多用来表达喜悦的心情。其中，陕北的榆林剪纸成就最高。陕北的三边剪纸也是一个著名的流派，作品不但有很高的艺术价值，还非常实用。

119 景德镇在明代就已经成为全国烧制瓷器的中心，这里生产的瓷器造型精巧，品种齐全，有3000多种品名，其中白瓷最为著名，有"白如玉，明如镜，薄如纸，声如磬"的美誉。此外，这里还有被誉为"人间瑰宝"的四大传统名瓷，它们分别是青花瓷、颜色釉、粉彩瓷与青花玲珑瓷。

玲珑瓷、▶
粉彩瓷、
青花瓷

120 手工编织品是中国民间广泛流行的一种手工艺品。有草编、竹编、柳编等，那些普普通通、俯首可拾的材料，经过手工艺人的巧手编织，就变成了精美的工艺品，观赏性十足又具有一定的实用性，给人们的生活增添了不一样的色彩。

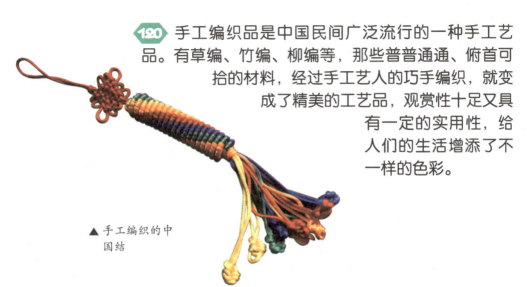

▲ 手工编织的中国结

121 玉雕是中国最古老的雕刻品种之一。工艺师们运用各种质地、颜色的玉石，雕刻出各式各样造型精美的器具和工艺品。

▲ 玉雕是中国所独有的技艺，不同的朝代，玉雕有着不同的造型与特色。

122 文艺复兴是 14 世纪到 17 世纪盛行于欧洲的一场文化思想运动。但丁发表的《神曲》率先对教会的丑恶现象表达了憎恶，他提倡个性和理性，主张用民族语言写作。但丁也被誉为"中世纪的最后一位诗人，新时代的最初一位诗人"。

▲ 但丁

123 文艺复兴时期所形成与推崇的"人文主义"精神，得到了当时人们的肯定。它主张以人为中心而不是以神为中心，认为人是现实生活的创造者和主人，要求肯定人的价值和尊严。

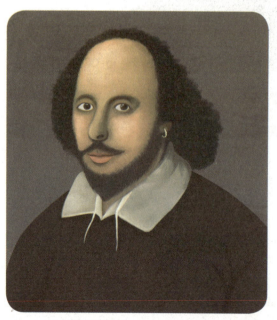

◀ 莎士比亚是文艺复兴运动中最杰出的代表。他是伟大的戏剧家、诗人。莎士比亚为后世留下了 37 部戏剧与上百首诗歌，代表作有《罗密欧与朱丽叶》《哈姆雷特》等。

124 18 世纪中期，在英国的 13 个北美殖民地上形成了一个新兴的民族——美利坚民族。面对英国政府的高压政策，美利坚人民开始了争取独立的战争。

◀ 佛罗伦萨是欧洲文艺复兴的发祥地，位于意大利中部。

125 为了抵制英国东印度公司在北美低价倾销茶叶，殖民地人民将东印度公司船只装载的大量茶叶倒入海中，此次事件成为北美独立战争的导火索。1775 年 4 月，英国军队前往距波士顿不远的康科德夺取民兵的军火，双方发生争斗，历史上称为"列克星敦的枪声"，它标志着北美独立战争的开始。

与此相关 《独立宣言》由杰斐逊等人起草，它是人类历史上第一次宣布公民的权利神圣不可侵犯，也以此鼓舞了北美人民的斗志。

126 18 世纪 60 年代，英国的资本主义生产开始从工场手工业向大机器工业过渡，这一过渡的过程被称为工业革命。工业革命最先开始于棉纺织工业，直到 1764 年，机械修理工瓦特在前人的基础上制造出了第一台有分离冷凝器的单动式蒸汽机，后期又加以改进，使它能够适用于各种机器。

▼ 蒸汽机的改良，提高了当时社会的生产效率，使人类进入"蒸汽时代"。

▼ 瓦特在纽可门蒸汽机的基础上，对蒸汽机做了重大改进，使冷凝器与气缸分离，安装了曲轴和齿轮转动，使蒸汽机更加实用。

▼ 蒸汽机的工作原理是将蒸汽产生的内能转换为机械能。

原来如此

世界上第一台蒸汽机是由古希腊数学家希罗于 1 世纪发明的汽转球，这个汽转球便是蒸汽机的雏形。

127 启蒙运动是发生在 17、18 世纪欧洲的一场反教会、反封建的思想文化解放运动，是继文艺复兴后欧洲的第二次思想解放运动，主要宣传科学、自由和平等的思想。

128 伏尔泰是启蒙运动的领军人物，也是杰出的领袖。他提倡"天赋人权"，认为人生来就是自由与平等的，所有人都具有追求生存与幸福的权利，这种权利不能被任何人剥夺。

▲ 伏尔泰曾说过："我不能同意你说的每一个字，但我至死捍卫你说话的权利。"他的主要著作有《哲学通信》等。

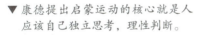

▼ 康德提出启蒙运动的核心就是人应该自己独立思考，理性判断。

▲ 卢梭是法国著名的启蒙思想家，被称为人民主权的捍卫者。

可怕的战争

129 普法战争使法、德两国结怨。普法战争后，伴随着殖民地争夺等利益冲突的愈发激烈，德意志帝国、奥匈帝国与意大利王国三国缔结为"三国同盟"。

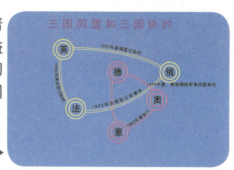

三国同盟和三国协约

英
俄
德
法
奥
意

协约国是以英国、法国、沙皇俄国为主的国家联盟。▶

130 "萨拉热窝事件"被认为是第一次世界大战的导火索。1914 年的 6 月 28 日的上午，年仅 19 岁的波斯尼亚青年普林西普在萨拉热窝刺杀主张吞并塞尔维亚的奥匈帝国皇储斐迪南大公夫妇。奥匈帝国以此为借口对塞尔维亚发动了战争。

普林西普在萨拉热窝刺杀奥匈帝国▶
皇储斐迪南大公夫妇。

131 第一次世界大战爆发后，先后有 35 个国家和地区参战，约占当时世界人口的三分之二的人被卷入了战争。德军先后发起了五次大规模的进攻性战役，虽攻占了大片领土，但士兵数量也在不断减少，伴随着德国战斗力量的不断衰弱，战争也宣告终结。

原来如此

协约国虽然取得胜利，但却付出了极大的代价。除了美、日两国获得很多实际利益以外，其他国家几乎都没有得到什么好处。

▼ 协约国最终取得胜利。

192 第二次世界大战是迄今为止人类历史上最残酷、规模最大的战争。1939 年 9 月 1 日至 1945 年 8 月 15 日，全世界笼罩在恐怖的战争阴云之下，这次战争是继第一次世界大战之后的又一大规模战争。从欧洲到亚洲，从大西洋到太平洋，先后有 61 个国家和地区、20 亿以上的人口被卷入战争，作战区域面积达 2200 万平方千米。

▼在飞机和战车的掩护下，德国军队对波兰展开突袭。

193 德国入侵波兰是第二次世界大战开始的标志。1939 年 9 月 1 日，德国入侵波兰，第二次世界大战由此爆发。德国的这一举动令英国和法国感到威胁，随即两国向德国发出警告。因为德国毫不在意英、法的警告，英国和法国于 1939 年 9 月 3 日向德国宣战，随后越来越多的国家被卷入战争。

194 二战期间，纳粹德国制造了人类历史上最大规模的种族屠杀事件。1942 年，纳粹政府通过《最终解决方案》，决定消灭欧洲所有的犹太人。被逮捕的犹太人被关进集中营里，然后在毒气室中被处死。

▲ 奥斯威辛集中营是纳粹德国在二战期间修建的最大的集中营。纳粹德国在这里监禁过数百万人，并屠杀了其中的 110 多万人，受害者绝大部分是犹太人。

令人刻骨铭心的战役

135 亚历山大东征是指公元前 334 至公元前 324 年间，亚历山大对波斯等国发动的侵略战争。远征军跋山涉水连续作战十年，行程上万里，建立了西起巴尔干半岛、尼罗河，东至印度河的庞大的亚历山大帝国。亚历山大东征在一定程度上促进了希腊与亚、非各国的文化交流。

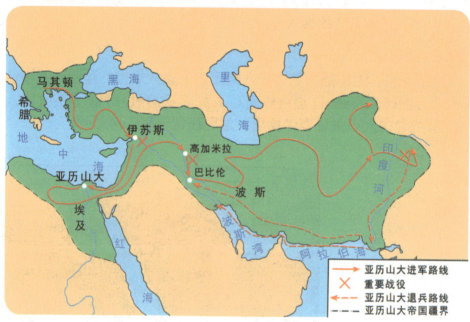

▲ 亚历山大东征路线图

136 卡莱战役发生在公元前 53 年，是罗马共和国与安息帝国在卡莱附近所进行的一场重要战役。安息只以不足 2 万的兵力冲破罗马的 4 万大军，成为世界军事史上以少胜多的著名战役。

▲ 卡莱战役是罗马帝国最屈辱的战役之一，在战役的过程中，罗马共和国的军事家克拉苏被俘杀，罗马军团的鹰旗被夺。

197 滑铁卢战役十分特殊，主要源于它是极少数的单凭一场战斗就赢得决定性胜利的战役。在这场战役中，法军表现出了极大的勇气，却因种种原因惨遭失败，拿破仑的政治生命、军事生涯也在此战失败的同时宣告终结。

▲ 为了纪念巴黎人民英勇攻占巴士底狱的伟大功绩，法国把 7 月 14 日定为国庆节。

198 巴士底狱是一座非常坚固的要塞。它建造于 14 世纪，是控制巴黎的制高点以及关押政治罪犯的监狱。反对封建制度的著名人物大多都囚禁于此。直到 1789 年的 7 月 14 日，被压迫的人民终于攻占了巴士底狱，此番行动也成为法国爆发全国革命的信号。

1814 年，拿破仑率领 10 ▶ 万人的部队和 35 万人的联军作战，取得了一系列的局部胜利。

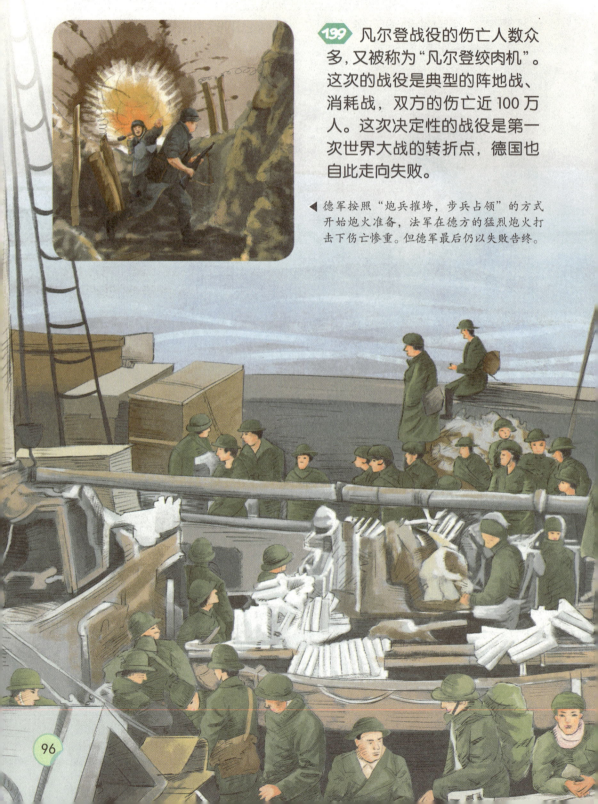

199 凡尔登战役的伤亡人数众多，又被称为"凡尔登绞肉机"。这次的战役是典型的阵地战、消耗战，双方的伤亡近 100 万人。这次决定性的战役是第一次世界大战的转折点，德国也自此走向失败。

◀ 德军按照"炮兵摧垮，步兵占领"的方式开始炮火准备，法军在德方的猛烈炮火打击下伤亡惨重。但德军最后仍以失败告终。

140 凡尔登战役开始后不久，英国就开始调遣部队，大量的弹药供给被运送到索姆河。联军计划在凡尔登牵制德军，然后在索姆河发动大规模进攻，从而击破德军。最后英国虽然取得一定的效果，但没能彻底突破德军的防线，持续4个月的索姆河战役黯然收场。

▲ 列宁等人所领导的十月革命的胜利，开创了人类历史的新纪元。

141 一战给俄国人带来了无尽的灾难，而沙皇的残酷剥削更加重了人民的负担。1917年的11月6日，在列宁等人的指挥下，起义爆发。直到11月8日凌晨2时，冬宫全部被攻占，临时政府的16名部长全部被逮捕，十月革命取得胜利。

142 敦刻尔克大撤退是历史上较为著名的撤退战役。尽管英、法联军在这场战役中损失装备物资50万吨，舰船约200艘，但还是成功地实现了33万余人的撤退，保存了英、法联军的实力，为之后的反攻创造了有利的条件。

◀ 为了实施撤退行动，英国派出各种舰船约600艘，法国、比利时也都派出船只掩护联军的撤退。

143 列宁格勒是苏联最大的工业中心和第二大交通枢纽。列宁格勒战役是苏、德战争期间，纳粹德国及其仆从国同苏军于 1941 年 9 月 9 日至 1944 年 1 月 27 日在列宁格勒（今圣彼得堡）地区实施的一次大规模攻防战役。在这场战争中，苏联军民浴血奋战，以死亡 60 多万人的惨痛代价，粉碎了纳粹德国妄图吞并苏联的企图。

144 20 世纪 30 年代末，德国法西斯为实现其称霸世界的野心，加紧发动新的世界大战。1939 年 9 月后，德国运用"闪电战"先后征服了波兰、丹麦、挪威、荷兰等国家，随后把目光转向了苏联，经过多次的战役后，德军损失惨重，苏联取得了最终的胜利。

145 1941年12月7日，日本海军突然袭击了美国海军太平洋舰队在夏威夷的基地——珍珠港，以及美国陆军、海军在瓦胡岛上的飞机场，太平洋战争由此爆发。美国因为这次袭击被卷入了二战。

146 日本对珍珠港的袭击从短期和中期的角度来看，是一次辉煌的"胜利"。在事件发生后的六个月里，美国海军在太平洋战场上失去主动权，日本占领了整个东南亚以及太平洋的西南部，势力范围一直扩张到印度洋。

▲ 苏军在列宁格勒对德军发起进攻。

147 1942 年 6 月 4 日，日本为了把美国太平洋舰队残余的军舰引到中途岛附近海域一举歼灭，发动了中途岛海战。美国海军在战役中击败日本海军，取得了太平洋战区的主动权。中途岛海战是一场以少胜多的战役，也是太平洋战区战局的转折点。

▲ 日本海军从此走向了失败，战局也出现了有利于盟军的转折。

148 斯大林格勒保卫战是德、苏之间的较量。1943 年，苏联红军发动了代号为"木星行动"的又一轮攻势。在这次战役中，法西斯德国遭遇了苏联战场上最严重的失败。1943 年 2 月，斯大林格勒保卫战结束。斯大林格勒保卫战堪称最惨烈的战役之一，也是二战的重要转折，此战过后，轴心国陷入被动。

149 英、美等国家为了打败法西斯德国，决定在欧洲开辟第二战场。1944 年 6 月 6 日盟军穿过英吉利海峡，在法国诺曼底登陆。诺曼底登陆成功后，英、美军队重返欧洲大陆，使第二次世界大战的战略态势发生了根本性变化。

150 战争是残酷的，它摧毁着人类文明留下的痕迹；战争也是正义的，它为人们开辟了崭新的生活，奋力地将时代推向前方。不过，战争终归是血腥与暴力的，和平才是我们最美好的愿望与始终坚持的信仰。

> **与此相关** 轴心国主要指二战的发动国纳粹德国、意大利王国和日本帝国以及与他们合作的国家。

▲ 盟军在欧洲成功开辟了第二战场，加速了法西斯德国的灭亡。

第二次世界大战后的世界

151 雅尔塔体系是第二次世界大战结束后，人们对当时国际格局的一种称呼，是美、苏、英三大国（主要是美、苏两国）在第二次世界大战后期，为了各自的战略利益，在以雅尔塔会议为代表的一系列重要国际会议上，达成有关结束战争、处理战争遗留问题、维护战后和平等问题的一系列协议并确立的新的国际关系体系。

152 第二次世界大战结束后，美、苏两国的力量都空前壮大，各自成为资本主义国家和社会主义国家的代表，两国的势力范围也大幅地扩张，从而形成美、苏争霸的两极格局。

世界朝着多极化▶的方向发展。

153 世界多极化的形成与发展在一定程度上有利于促进国际关系的民主化，并维护了世界的和平与稳定。除此之外，政治、经济的多极化有利于各国的经济、文化交流与发展，对广大的发展中国家来说既是机遇又是挑战。

154 欧盟全称为欧洲联盟，它的总部设在比利时的首都布鲁塞尔。目前欧盟拥有 27 个成员国，是一个集政治与经济为一身的、在世界上具有重要影响的区域一体化组织。

▲ 欧盟旗帜

155 1945 年 10 月 24 日，联合国正式宣告成立，它成立的目的是维护世界和平，以非武力的方式处理争端。全世界绝大多数独立国家都是联合国的成员国。联合国总部设在纽约，日常工作、会议都在这里进行。

◀ 联合国徽记

一样也不一样的人类

156 相关数据表明，截至 2016 年，全世界有 72.63 亿人口。据联合国预测，到 2020 年，世界人口至少会达到 79 亿。世界人口的分布并不均匀，在欧洲、北美洲东部、中国东部和日本，人口比较稠密。在经济较为发达的欧洲和北美，人口大多集中在城市；而在亚洲和非洲，人口多分布于乡村。

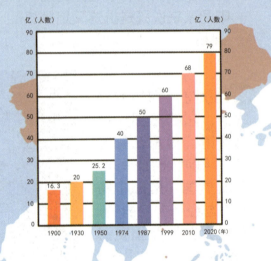

157 根据体质和遗传特征，一般把人类分成三个基本的人种：蒙古人种、高加索人种、尼罗格人种，也就是我们通常所说的黄种人、白种人和黑种人。除此之外，还有为数不多的棕色人种。

158 世界上共有 2000 多个民族，5000 多种语言，其中最主要的语言有：汉语、英语、法语、西班牙语、葡萄牙语等。还有部分语言的使用人数不足 1000 人，随着时代的不断发展，使用人数过少的语言很有可能会退出世界舞台。

159 每个国家与民族都有专属于自己的节日，比如中国的中秋节、巴西的狂欢节以及各国的国庆节与独立日等。还有一些节日是世界性的，比如 5 月 8 日的世界红十字日，6 月 1 日的国际儿童节等。

▼ 每一年的 12 月 25 日，西方国家为纪念耶稣诞辰而举办节日庆典并唱诵《圣经》。现在，圣诞节也变成了世界性的节日。

WORLD TRADE ORGANIZATION

▲ 世界贸易组织简称为"WTO"，截至 2015 年 7 月共拥有 162 个成员，有"经济联合国"的美誉。

160 随着信息技术的不断发展和全球化趋势的演变，各种国际组织也在世界舞台上扮演着重要的角色。

樱花之国

▲ 富士山的山体远看像一个大圆锥，它是世界上最大的活火山之一。

161 富士山被日本人民誉为"圣岳"，是日本民族的象征，也是日本的第一高峰。它屹立在本州的中南部，海拔约 3776 米，山峰高耸入云，山顶不仅白雪皑皑，还有着巨大的火山湖。

162 日本的地震十分频繁。日本群岛处于亚欧板块和太平洋板块的交界处，板块与板块间摩擦碰撞的同时，日本群岛就会受到影响，几乎每三年就要发生一次危害较大的地震。

163 日本的陆地面积虽然仅占世界陆地面积的 1/400，但却集中了全世界大部分的火山，众多的火山也造就了许多温泉，日本全国大小的温泉相加约有 2600 处，吸引着国内外的无数游客。

164 日本茶道传自中国，具有悠久历史的文化，同时也是日本人接待宾客的一种特殊礼仪。它不同于一般的喝茶品茗，而是具有一整套严格的程序和规则，茶室的建造与室内的装饰等，都有很多讲究。

165 东京全称为"东京都"。这里是日本人口最为集中的地区，也是世界公认的现代化国际都市。作为全国的政治中心，东京聚集着主宰国家命脉的政府首脑机关，是日本经济、文化、交通的中心。

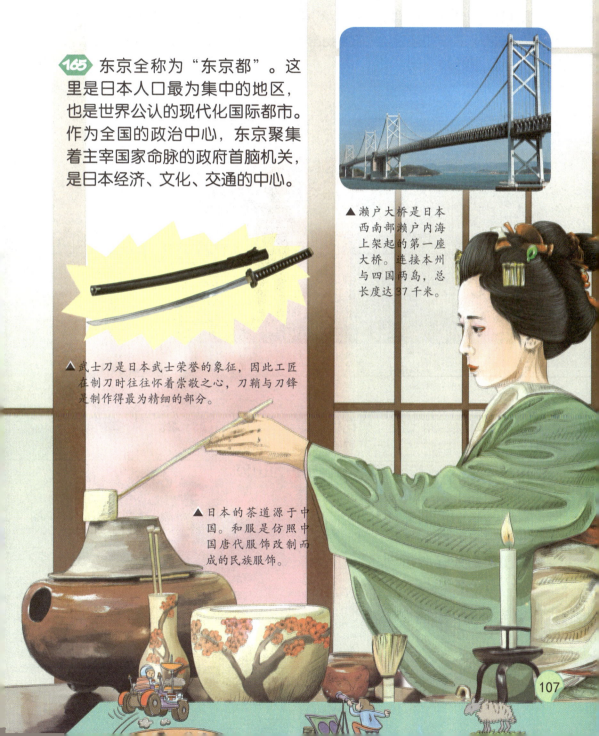

▲ 濑户大桥是日本西南部濑户内海上架起的第一座大桥。连接本州与四国两岛，总长度达37千米。

▲武士刀是日本武士荣誉的象征，因此工匠在制刀时往往怀着崇敬之心，刀鞘与刀锋是制作得最为精细的部分。

▲日本的茶道源于中国。和服是仿照中国唐代服饰改制而成的民族服饰。

地跨两大洲的国家

166 土耳其是地跨欧、亚两大洲的国家，绝大部分的领土在亚洲。但它从不参加亚运会，政治、经济、文化等领域均实行欧洲模式，是欧盟的候选国。

▲ "土耳其"一词在鞑靼语中是"勇敢"的意思。所以"土耳其"也被翻译为"勇敢者的国度"。

167 土耳其西南部的"棉花堡"是著名的温泉疗养地。一眼望去，白茫茫一片，像是遗落在地面上的片片云朵所"垒砌"的城堡。这是因为山顶上有着含有钙盐的泉水，它们顺着山势蜿蜒而下，日积月累，便形成了我们现在所看到的"棉花堡"。

"棉花堡"的水温终年保持▶ 在36℃至38℃，泉水中含有丰富的钙、镁等矿物质。

168 伊斯坦布尔是世界上唯一一座地跨欧、亚两大洲的城市。它位于博斯普鲁斯海峡西岸，扼黑海门户，处在欧、亚交通的重要位置。伊斯坦布尔曾为三大古老帝国——罗马帝国、拜占庭帝国和奥斯曼帝国的首都。如今，伊斯坦布尔已经发展成为土耳其境内最大的城市，也是全国的经济中心和最大的港口。

▲ 伊斯坦布尔著名的蓝色清真寺建于 17 世纪。

169 特洛伊古城的遗址位于土耳其的西北方向。希腊神话中的特洛伊战争便是在此地发生的。

▼ 很久以前，土耳其南部地区的科默金王国国王将自己的陵墓建在山顶上。两列雕像矗立左右，成为著名的文明奇迹。

▲ 马德里的城市广场喷泉。

170 马德里位于伊比利亚半岛的中心，是西班牙的首都，也是西班牙的经济、文化和政治中心。马德里与其他著名的城市有些不太一样，它并不是一开始就拥有如此响亮的名声和繁荣的市井文化，相反，它是一座不断革新的城市，也是欧洲交通运输网最完整和发达的城市之一。

171 斗牛是西班牙最具代表性的民族体育项目。西班牙斗牛起源于西班牙古代宗教活动，斗牛士被视为英勇无畏的男子汉。但随着人们认知的发展以及保护动物、保护自然信念的提升，西班牙的部分省市已经禁止斗牛。

172 巴塞罗那是西班牙的第二大城市，有"地中海曼哈顿"之称。西班牙的现代艺术巨匠多诞生于此。

▼ 西班牙的农田几乎遍布全境，直到现在，欧洲的大部分国家仍需依赖西班牙的蔬菜供给，因而西班牙被称作"欧洲的大菜园"。

173 圣家族大教堂也被称为神圣家族大教堂。它造型奇特，最为惊艳的部分便是教堂大门对应的三个立面建筑风格截然不同，却又巧妙地融合在一起，突破了传统宗教建筑的设计程式，以独具一格的姿态闻名于世。

位于巴塞罗那市内的圣家族大教堂，是世界建筑史上的经典 ▶
作品，教堂的修建历时100多年，虽至今仍未完工，但已被
列为世界遗产。

▲ 西班牙斗牛约有上千年的历
史，这项运动在一定程度上
表现了西班牙人民粗犷豪放
的性格。

浪漫的法国

▲ 全世界的葡萄酒约有四分之一是法国生产的，许多的著名品牌都是由法国的地名来命名的。

174 早在公元前 1000 年，腓尼基人就开始在地中海地区栽种葡萄。如今，葡萄栽培技术已经传播到世界各地，但地中海地区依旧保持着栽种葡萄的优势，法国更是其中首屈一指的葡萄故乡。法国的葡萄多栽种于小型的农场里，栽培出的葡萄几乎都被用来酿制优质的葡萄酒。

175 法国的首都巴黎位于法国盆地中央，横跨秀丽的塞纳河。它是由一座类似船形的小岛发展起来的，到现在约有 2000 年的历史了，不仅保留着古老的建筑物，也容纳接受了许多新鲜的事物，漫布着现代的都市气息。

176 美食之国大抵说的就是法国。其美酒与美食不仅有着悠久的历史，而且闻名于世。法式美食虽然数量不多，但是所含有的营养成分非常全面。正宗的法式大餐在菜肴的搭配和上菜的先后顺序上都十分讲究。

烹饪在法国被视为一项高超的技术，▶ 每道菜都必须保持其特有的口味，其中，焗蜗牛最为著名。

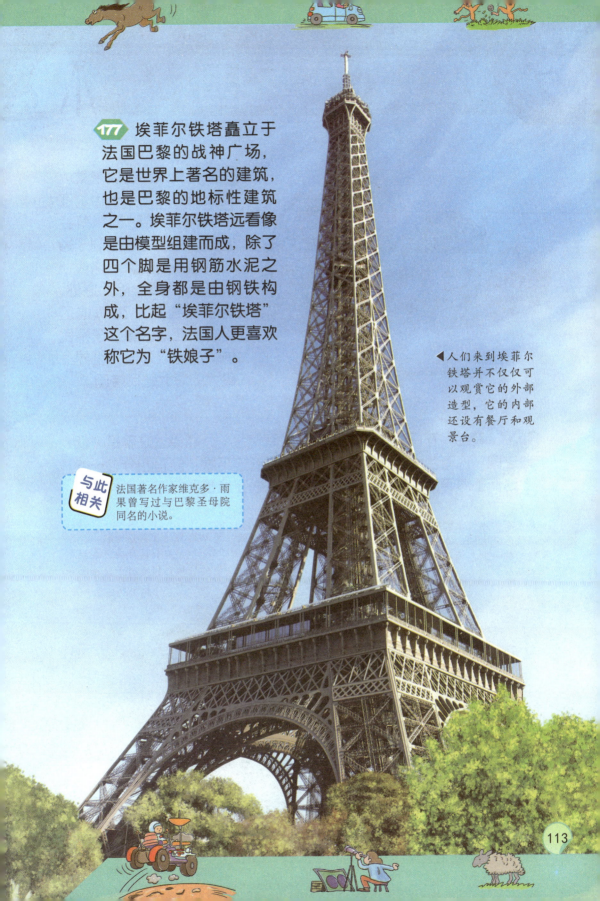

177 埃菲尔铁塔矗立于法国巴黎的战神广场，它是世界上著名的建筑，也是巴黎的地标性建筑之一。埃菲尔铁塔远看像是由模型组建而成，除了四个脚是用钢筋水泥之外，全身都是由钢铁构成，比起"埃菲尔铁塔"这个名字，法国人更喜欢称它为"铁娘子"。

◄人们来到埃菲尔铁塔并不仅仅可以观赏它的外部造型，它的内部还设有餐厅和观景台。

与此相关 法国著名作家维克多·雨果曾写过与巴黎圣母院同名的小说。

风车之国

▲荷兰木鞋至今已有几百年的历史。

178 荷兰人自古以来就以擅长航海而闻名于世。在16至17世纪时期，荷兰的商人和航海家控制了通往世界各地的航运路线，从事商贸交易。除此之外，荷兰还在加勒比海地区和东南亚地区建立了殖民地，从而成为当时世界上最大的海上殖民帝国。

179 "荷兰"在日耳曼语中被称为"尼德兰"，翻译过来就是"低地之国"。荷兰境内的大部分地区都是低洼平原，约有四分之一的土地低于海平面，因而"围海造田"就成了最重要的活动。

首先在近海较浅的▼海域修筑大坝，在随后的一两年内将水抽干。

▼然后将树枝搭成网状，放在大坝拦起的区域内。在拦起的区域内播撒种子，植物会从网中间生长起来。

焚烧植物，使土壤的▶养分增加，土地就这样形成。

180 风车对荷兰来说具有重大的意义。早期的风车仅用于磨粉加工，后来荷兰人民给风车配上可以活动的顶篷，又把风车的顶篷安装在滚轮上，便成了荷兰所特有的风车。在后期围海造田时，风车也发挥了巨大的作用。

▲ 荷兰每天向世界各地出口上千万枝鲜花。

181 郁金香是荷兰种植最广泛的花卉，也是荷兰的国花，象征着庄严、美好与成功。

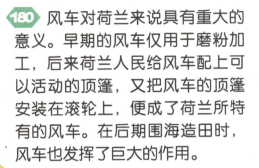

◀荷兰风车，最大的有几层楼高。直到今天，荷兰仍保留着近千座各式各样的风车。

音乐的国度

182 奥地利位于中欧南部，是一个山地国家，由于地处欧洲的交通中心，有"欧洲心脏之国"的美称。千百年来，奥地利沉淀出丰厚的文化底蕴，逐渐成为欧洲的文化中心之一。

183 奥地利首都维也纳的历史悠久，一直都是东西欧的重要门户和交通要道。因为依山傍水，景色优美，也被称为"多瑙河上的女神"。18世纪以来，维也纳成为欧洲古典音乐的中心，也是华尔兹舞曲的故乡，众多歌剧院、音乐厅遍布全城。

▼ 萨尔茨堡大教堂是奥地利萨尔茨堡州规模最大的教堂。

184 萨尔茨堡是奥地利西北部萨尔茨堡州的首府，也是奥地利北部的交通、工业及旅游中心。不少的音乐名人与巨匠都在此出生。除此之外，奥地利境内阿尔卑斯山的秀丽风光与丰富多彩的建筑艺术浑然一体，被联合国列为世界文明保护区。

维也纳国家歌剧院是维也纳的主要象征，有"世界歌剧中心"之称。▶

185 水晶质地坚硬，代表着纯洁、高贵、纤尘不染的品质，一直以来被视为爱情的象征。而奥地利的施华洛世奇水晶制品，几百年来几乎成为西方婚礼中不可缺少的祝福礼物。

186 莫扎特（1756 至 1791）是奥地利最负盛名的音乐家，维也纳古典乐派的杰出代表。他广泛采用各种音乐形式，将不同国家的音乐与欧洲传统音乐巧妙结合，赋予它们深刻的思想内容和完美的形式，为西方音乐的发展开辟了崭新的道路。

▲ 莫扎特

离不开阿尔卑斯山的国家

187 "没有阿尔卑斯山就没有瑞士"，这座欧洲最重要的山脉构成了瑞士的大部分国土，这里的美丽风景每年都吸引着世界各地的游客。

▼ 瑞士境内的阿尔卑斯山系约占全国总面积的62.5%。

188 瑞士的乳酪以其高品质和特殊的风味而闻名全球。除了生产乳酪、巧克力之外，瑞士还是雀巢咖啡的发源地。

与此相关 莱茵河、罗纳河与因河是欧洲的三条主要河流，它们都发源于瑞士。

189 瑞士军刀的外形看起来更像是一把简便的水果刀。但它设计完美，加工精巧，具有多种实用性功能，比如开瓶器、小刀、铰剪等。现今，随着科学技术的不断提高，一些新兴的电子技术也被应用于瑞士军刀上，比如激光、电筒等。

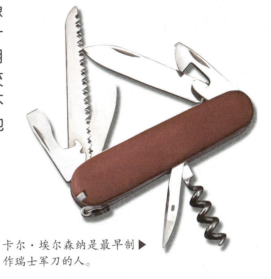

卡尔·埃尔森纳是最早制▶
作瑞士军刀的人。

190 瑞士的钟表制造业已经有 500 多年的历史了，直到现在仍旧保持着世界领先地位。据统计，在全世界的出口手表当中，绝大部分都来自于瑞士。

191 日内瓦是瑞士的第二大城市。联合国欧洲本部设在日内瓦，还有欧洲核子中心、国际红十字会等约 180 个国际组织都在此设立。除此之外，它以其人道主义传统、多彩的文化活动、美食及风景而闻名于世。

日内瓦大喷泉是日内瓦的象征，也▶
是世界上最大的人工喷泉。

袋鼠国

192 澳大利亚位于南太平洋和印度洋之间，由澳大利亚大陆和塔斯马尼亚群岛组成，是世界上唯一一个国土覆盖整个大陆的国家。

193 悉尼歌剧院是澳大利亚的标志性建筑，建成于 1973 年，是现代建筑的神话。悉尼歌剧院并不是单独的建筑物，而是一座建筑群，外形酷似一组扬帆出海的船队，内部有一个歌剧厅、一个音乐厅与一个话剧场。剧院内部还保留着世界上最大的管风琴。

194 澳大利亚的生物不仅种类繁多，数量也十分庞大。据统计，澳大利亚有植物 1.2 万种，约有 9000 种是其他国家所没有的。全球的有袋动物，除了南美洲以外，大部分都分布在澳大利亚，其中有袋鼠、考拉、袋猫等。甚至还有最原始的单孔类哺乳动物，比如鸭嘴兽与针鼹。

◀ 考拉是澳大利亚的特产珍兽，名气和中国的大熊猫差不多。

◀ 袋鼠是大洋洲特有的有袋类动物，它们是澳大利亚乃至整个大洋洲的象征。

▲ 大堡礁是一座巨大的天然
海洋博物馆，生活着大约
1500 种热带海洋鱼类。

195 在澳大利亚的东海岸以外，有一道世界最大的珊瑚礁屏障——大堡礁。它绵延伸展约 2011 千米，有 2900 个大小珊瑚礁岛，自然景观非常特殊。大堡礁的主体部分处于暖温带地区，四季温暖，海水清澈，这些珊瑚在海水的映衬下显得分外美丽。

◀ 悉尼歌剧院是澳大利亚人的骄傲，
同时也是澳大利亚的地标建筑物。

原来如此

澳大利亚的首都堪培拉是世界上有名的花园城市，有"大洋洲花园"的美誉。

两极的奥秘

196 南极洲位于地球的最南端，是世界第五大洲。这里的大部分地区终年被积雪覆盖，是地球上最寒冷、最多风的地方，也是地球上唯一一个没有定居居民的大陆。

197 南极洲表面覆盖的冰盖，受重力的作用由中间向边缘运动，形成世界上最大的冰川。人们站在冰原上很难感受到它在缓慢地运动与变化。而漂浮在海面上的冰架破碎后成为一座座在海上漂流的巨大平顶冰山。

198 企鹅是南极洲主要的动物之一，也是南极洲的象征。南极地区的企鹅有1亿多只，算得上是企鹅的王国。

◀企鹅有"海洋之舟"的美称，是一种最古老的游禽。

199 在发明破冰船以前，海面上的浮冰一直都是难以逾越的障碍。破冰船是专为航行在极地海域的轮船开道的特殊船只。破冰船的船头非常坚固，是用钢板制成的，它的船身并不长，但是船体比较宽，目的就是为了开通宽阔的航道。

大多数的破冰船以柴油机为驱动装置，少数的以核动力作为驱动力。▶

200 北极熊是北极地区最大的食肉动物，因而也是北极地区当之无愧的主宰者。它们的毛结构十分复杂，是中空的，能够起到很好的保温和隔热作用。

北极熊在巨大的浮▶
冰上活动。

◀因纽特人是地地道
道的黄种人。

201 北极地区自古以来就生活着为数不少的人类居民。据考证，最早进入北极圈的居民是早期的蒙古人，他们以捕鱼和捕食海豹为生。现在的因纽特人就是他们的后裔。

202 每年的 5 月 5 日是日本的男孩节。在这一天里，全日本有男孩的家庭都要在自己家的屋顶上悬挂用布做的鲤鱼旗，在门上挂好菖蒲叶，全家一起吃粽子。

203 西红柿节又被称为番茄节，是西班牙巴伦西亚地区布奥尔小镇的传统节日。每年 8 月的最后一个星期三，人们会聚集在市中心的广场上举行狂欢活动，并且互相投掷西红柿。最后整个广场都会堆积一层厚厚的西红柿酱。

▼ 日本人认为鲤鱼是力量与勇气的象征，表达了父母对孩子的期望，同时也有感谢妈妈的意义在内。

▲ 西红柿节最早始于 1945 年，整个节日通常持续一个星期左右。

204 花衣笛手节是德国的民间节日。传说在德国的哈莫林曾发生过严重鼠患，一个身穿花衣、手拿风笛的人帮助市民消灭了老鼠，而市民却违反承诺，拒绝向他支付报酬。第二年这位花衣笛手用笛声骗走了全城的儿童。于是，这座城市每年都要举行花衣笛手节，让人们记住诚实守信的重要性。

205 万圣节是西方国家最著名的节日之一。在万圣节前夜，也就是 10 月 31 日，小孩子会身着奇怪的衣服，装扮成各种可爱的鬼怪挨家挨户收集糖果。

▼ 南瓜灯也是万圣节最主要的标志之一。

206 圣诞节原本是西方国家纪念耶稣诞辰的节日，后来逐渐流传到世界各地。如今，圣诞节已经成为西方国家最重要的节日，装饰着彩灯和小礼品的圣诞树，孩子们最喜欢的圣诞老人，都是这个节日里最具代表性的角色。

◀ 精美的小铃铛是圣诞节不可或缺的装饰品。

▲ 传说圣诞老人会在圣诞前夜从烟囱爬进屋子，将准备好的礼物塞进袜子里。因此在此之前，孩子们都会将自己的袜子挂在床头，期待着圣诞老人的到来。

208 啤酒节最早源于德国。啤酒是德国人的最爱，每年德国的南部第一大城慕尼黑都会举办盛大的啤酒节，人们会用华丽的马车运送啤酒，还会举行一系列的娱乐庆祝活动，在增添节日氛围的同时，也体现出本民族的热情。

在啤酒节期间，人们会开怀 ▶
畅饮。

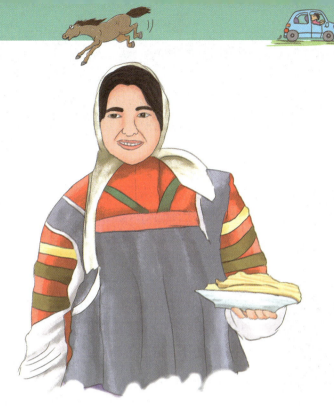

◀ 谢肉节也叫送冬节，依照俄罗斯的民间习俗，在节日的这七天中，每天都有不同的庆祝方式，其中包括用稻草捆扎玩偶、举行篝火晚会，或品尝美食或放肆饮酒，而最后一天则被称为宽恕日，人们在这一天相互请求对方宽恕自己。

207 许多国家都有自己独具特色的狂欢节庆祝活动。在这样的节日里，人们会用各种方式进行庆祝。其中巴西的狂欢节被称为世界上最大的狂欢节，在这一天，城市的大街小巷都充满着音乐，到处都是穿着各色鲜艳服饰的狂欢者。

▼ 赫尔辛基在每年的 6 月举行桑巴狂欢节，届时来自芬兰各地的桑巴舞爱好者会盛装出席。

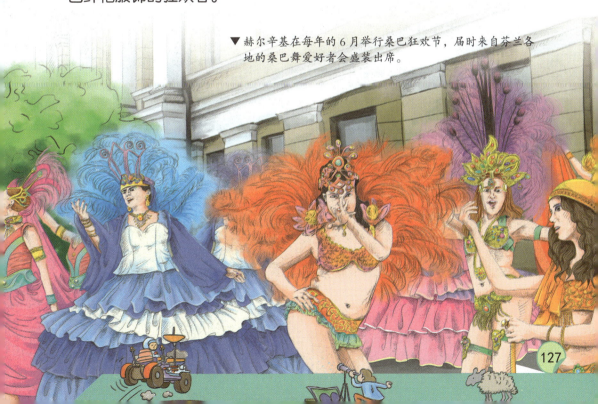

209 马里是非洲西部一个面积不大却历史悠久的国家。在马里，当地人利用有限的资源，建造了属于自己的独特民居。那是一种几乎全部用泥土建造的房屋，房屋的造型独特，形状不一，带着草顶。据说这些建筑都是遥远的古代保留下来的。

◀ 这种独特的泥土屋是马里传统的原始居民建筑的典型代表，体现了马里古老的原住民文化和建筑艺术。

210 日本白川乡的人们建造的房屋叫作"合掌屋"，这是因为房屋的顶部形状与合掌时的形状十分相似，又像是一个"人"字形。这种屋顶被建成倾斜60°角，为的就是防止雨水浸透，并且能够很好地适应暴雪天气，方便让雪滑落，避免积雪。

▲ 合掌屋的特征是不用任何钉子，而是利用绳子绑扎木材，屋顶用茅草铺成，十分坚固耐用。不过屋顶的茅草每三四年就需要更换一次。

211 阿尔贝罗贝洛的石顶圆屋位于意大利巴里省的一个小城。这种圆锥形的房子，在意大利被称为"托鲁里"，意为"单个""圆顶"的意思。这些房子的惊人之处在于它们完全是依靠石块堆砌而成，在世界上是独一无二的。

▼这种石顶圆屋具有冬暖夏凉的调温功能，便于建造也便于拆除。

你知道吗？

阿尔贝罗贝洛也被称为"天堂小镇"。这里保存着 1000 多座圆顶石屋，是真正的"圆顶石屋之家"。1996 年，阿尔贝罗贝洛圆顶石屋被评为世界文化遗产。

212 斐济人的屋顶呈梯形，下面是四方形，与中国古代的房屋外观比较类似。这种建筑风格已经延续多年，现今，这里的人们仍然按照旧有的方式建造着自己的房屋。

◀斐济人普遍居住的房屋

213 因纽特人最古老的房屋就是冰屋。不过，近些年来，他们已经拥有永久性的住房，只有在外出狩猎时，才会临时建造冰屋。在建造冰屋之前，首先要选择一片开阔向阳的平地，用尖利的刀刻出不同大小的冰砖，用它们堆砌出馒头状的小屋，并向冰块间浇水，很快，冰块就能够冻为一体。

因纽特人会在馒头状小屋的内部铺 ▶
上动物的皮毛，在这里吃饭睡觉，
从"冰窗"中还能透进明亮的光线来。

214 克什米尔的船屋位于克什米尔最著名的达尔湖边。这些房子全部是用核桃木雕刻而成，船身用木桩固定在水中，所以船屋的本身能够保持稳定。

◀ 这种居住形式已经发展成船上旅店，吸引着无数的游客。

原来如此

由于世界各地的地理气候条件和生活方式都不相同，所以，人们居住的房屋的样式、风格也有所不同。

轮子带来的 "福利"

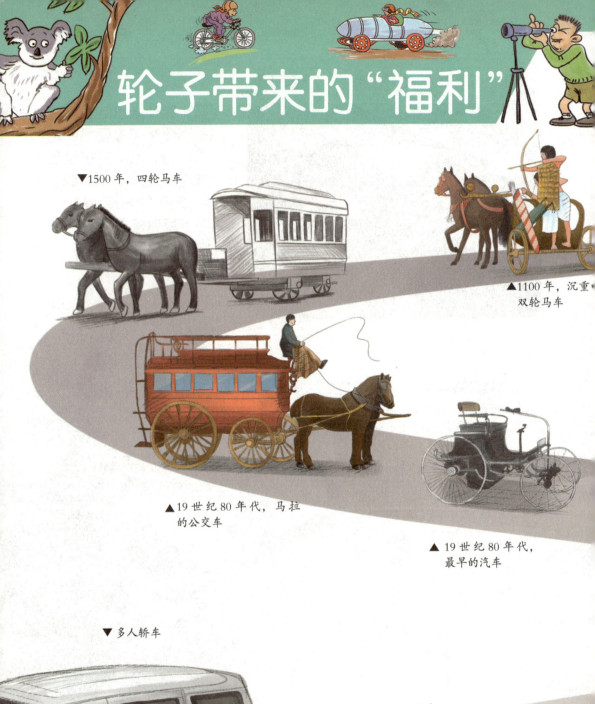

▼1500 年，四轮马车

▲1100 年，沉重双轮马车

▲19 世纪 80 年代，马拉的公交车

▲19 世纪 80 年代，最早的汽车

▼多人轿车

▼跑车

▼双轮战车

▼独轮车

▼公元前 3000 年，牛拉原木

215 交通是为满足人类生产和生活需要而发展起来的。古时候，人们为了方便生产和生活，多沿河而居，水上交通也就成了最早的运输方式。当时的陆地上多以牛马作为交通工具，牛马等牲畜的使用，促使了道路的形成。一直到 18 世纪左右，蒸汽机的发明将人们带入蒸汽时代，进而推进了近代交通的发展。到了 19 世纪与 20 世纪，飞机等先进的交通工具的出现，使现代化交通快速发展起来。

◀早期汽车

▲19 世纪 80 年代，前轮大、后轮小的自行车

▲20 世纪 40 年代，方程式赛车

▲20 世纪 50 年代，摩托车

◀20 世纪 60 年代，欧洲家用轿车

216 独轮车以只有一个轮子为特有标志。它的体积较小，基本不受道路的限制，无论大路还是小路都能够通行，方便轻巧。缺点就是缺乏一定的稳定性，如果你推车的技巧不够娴熟，那独轮车就会摇摇晃晃无法正常前进了。

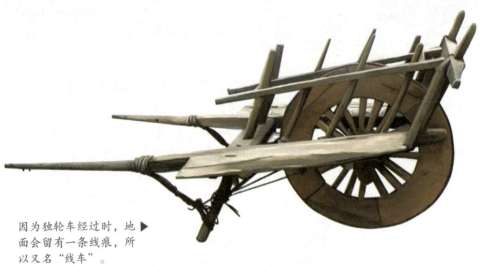

因为独轮车经过时，地面会留有一条线痕，所以又名"线车"。▶

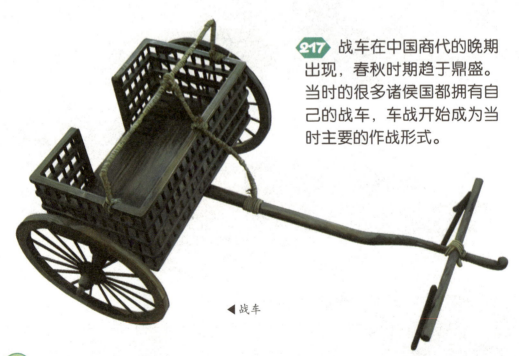

217 战车在中国商代的晚期出现，春秋时期趋于鼎盛。当时的很多诸侯国都拥有自己的战车，车战开始成为当时主要的作战形式。

◀战车

218 马车的历史十分悠久，几乎与人类的文明史一样漫长。在很长一段时间里，马车是世界各国主要的运输工具。这些四轮马车行驶起来十分平稳，无论是运输货物还是载人远行，在当时的社会环境下都是较为完美的交通工具。

与此相关 马车赛也是马术比赛中的项目之一。

▼ 最初的马车是一匹马拉的双轮马车，直到 19 世纪，才出现四轮马车。

陆地上奔跑的 "钢铁侠"

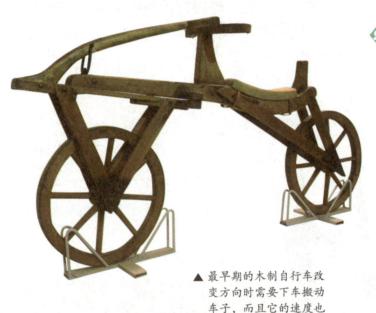

▲ 最早期的木制自行车改变方向时需要下车搬动车子，而且它的速度也不是很快。

219 自行车是一种依靠人力作为前进动力的交通工具，也被称为脚踏车。最早的自行车是木制的，横梁之间连接两个木制的车轮，在横梁之上安装了一个小板凳。骑车人坐在小板凳上，双脚划着地面，车就向前行进。

220 自行车赛是一项以自行车为工具，比骑车速度的体育运动。自行车赛可以在赛场上进行，也可以在公路上进行，还可以进行越野赛。比赛用车是特制的赛车，骑行速度很快，因而参加比赛的人员需要佩戴护具保护自己。

◀为了便于运动员发力，公路自行车赛的自行车轮胎比普通自行车的轮胎要窄，减少了前进时的阻力。

221 自行车除了最基本的车轮和车架之外，还有几组零件，分别是：传动设备、制动设备和导向设备，传动设备包括脚蹬、曲柄、车轴和后轮等装置，制动设备包括车闸等部件，而车把、前叉和前轮则是自行车的导向设备。

222 变速自行车是一种特制的自行车，它的后轮轴装有一套齿轮，骑车人可以通过变速器控制链条，让链条搭在变速器上，达到变速的目的。

▲ 选择大齿轮时骑车比较费力，但速度快，选择小齿轮则反之。

▼ 在骑双人自行车时，控制平衡的难度要比单人车大，因此也需要两个人的相互配合。

223 双人自行车与普通自行车不同，它在普通自行车的基础之上加长车架，增加车座和脚踏。双人自行车是最常见的协力自行车，主要用于休闲娱乐。

224 在汽车的生产过程中，将整个流程按照一定的标准分为若干个工序，并将这些不同的任务和生产工序再分配给不同的工人进行加工，按照这种生产工序组成的生产线叫作流水生产线，简称流水线。

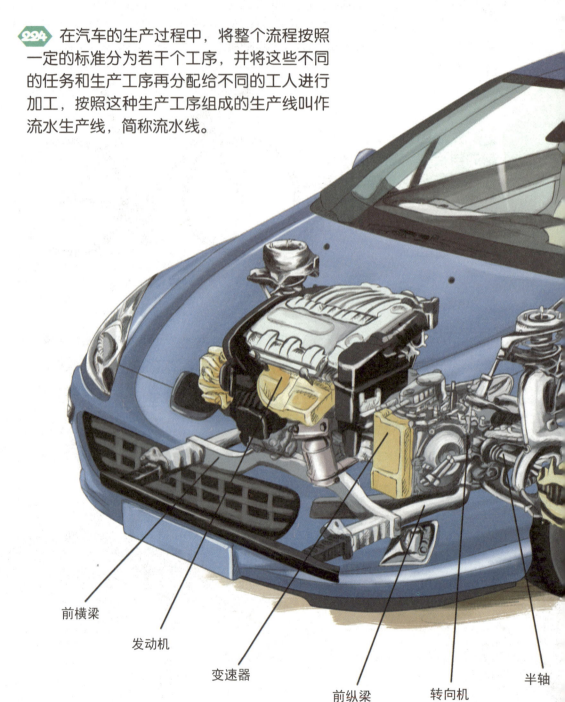

前横梁

发动机

变速器

前纵梁

转向机

半轴

▲汽车的结构示意图

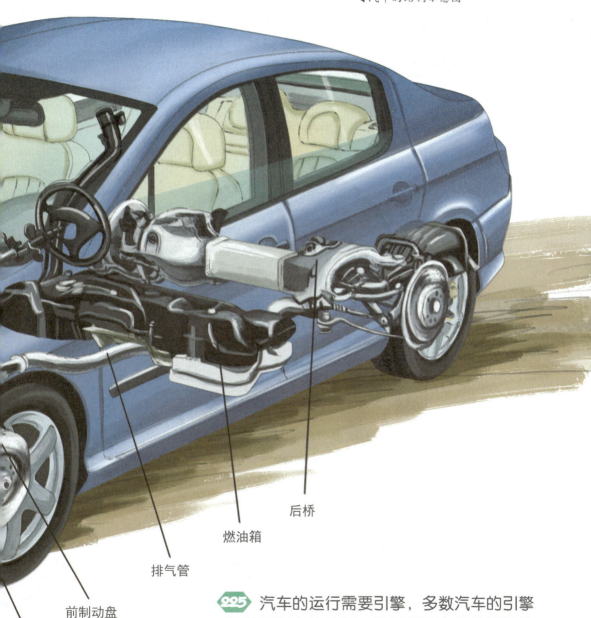

后桥

燃油箱

排气管

前制动盘

前制动钳

225 汽车的运行需要引擎，多数汽车的引擎都装置在车的前部，用以驱动车子前后四轮的行进。汽车上一般还装有四五种不同的排挡，可以改变引擎带动车轮的速度，以适应不同路面和行驶状况的要求。

226 安全气囊是隐藏在方向盘或是仪表盘内部的可充气的"枕头"。当汽车遭受到猛烈撞击时，安全气囊里填充的物质会瞬间发生反应，释放气体使气囊膨胀起来，人的头部撞在安全气囊上比直接撞在方向盘上或是挡风玻璃上要安全得多。

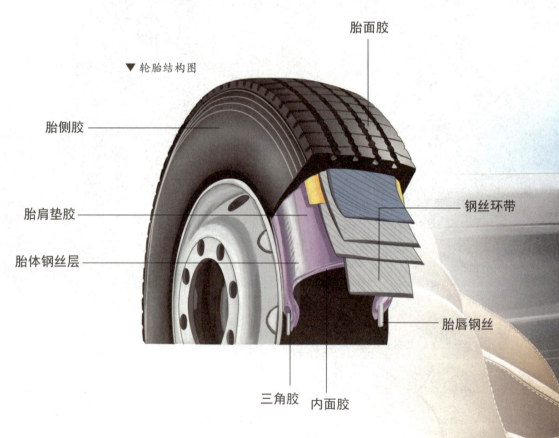

▼ 轮胎结构图

胎面胶

胎侧胶

胎肩垫胶

胎体钢丝层

钢丝环带

胎唇钢丝

三角胶　内面胶

227 汽车和自行车的轮胎都是可以充气的橡胶轮胎。胎面的花纹可以增大与地面的摩擦。有了轮胎，车子在移动的过程中就不会颠簸，坐在上面也会相对舒适些。

与此相关　奔驰汽车公司于1886年1月29日获得汽车制造专利权，这一天也被公认为是世界上首辆汽车的诞生日。

228 世界上第一辆四轮汽车是德国人戈特利布·戴姆勒发明的，他对马车进行改装，增加了转向和传动装置，安装了四个轮子。这辆四轮汽车的车速能达到 14.4 千米／时。

▲ 本茨和戴姆勒是世界公认的以内燃机为动力的现代汽车发明者，他们一起被尊称为"汽车之父"。

◀ 安全气囊的理论最早由赫特里克提出，并获得了美国"汽车缓冲安全装置"专利。

229 由蒸汽机车拖动的火车是历史上最古老的一种火车，由于机车使用煤或木柴做燃料，所以叫作火车。后来，内燃机车取代了蒸汽机车，而目前最先进的火车是能高速行驶的电力机车。

▼ 行驶的过程中，火车会受到空气阻力和摩擦力等因素的影响，车速受限。

230 火车是利用轮子前进的，轮子在铁轨上滚动，推动火车不断向前。随着车速提高，也会引起车厢的震动。

◀ 1829 年，英国的斯蒂芬森制造出了"火箭"号机车，它是现代蒸汽机车的原型。

231 蒸汽机车为列车提供动力，是以蒸汽机作为动力的机车。它结构简单，容易修理，一般用煤做燃料，但热效率较低。

292 内燃机车是以内燃机作为驱动装置，再通过传动装置使车轮转动的机车。根据所用的燃料不同，内燃机车可以分为燃气轮机车和柴油机车，它比蒸汽机车干净、牵引力大、故障少，目前仍然是主要的交通工具之一。

▼和谐3型内燃机车是一款具有世界先进水平的货运机车，使用了多项先进技术。

293 电力机车主要是在改良了蒸汽机车、内燃机车的基础上产生的。电力机车本身是不带电的，而是通过接触网获取电力，带动电动机转动，然后驱动车轮前进，所以它属于一种非自带能源的机车。

▲电力机车具有功率大、承载力强、速度快、不易损坏等优点。

原来如此

世界上第一台商用蒸汽机车是由英国发明家乔治·斯蒂芬森制造完成，并于1825年9月27日投入使用的"旅行"号。"旅行"号现在陈列于英国达林顿车站，乔治·斯蒂芬森也被人们尊称为"蒸汽机车之父"。

294 磁悬浮列车是利用电磁力将车体悬浮于轨道上，用直流电动机驱动的一种新型超高速电动列车。超高速运行的列车采用磁力使车身抬离地面，消除了与轨道的直接摩擦，因而磁悬浮列车的速度得到很大的提升，而且能耗少，污染少，是一种高科技的交通工具。

295 地铁是修建在地下隧道中的铁路，是"地下铁道"的简称。地铁的出现在一定程度上缓解了路面交通拥堵的现象，除此之外，地铁建在地下，有节省土地、节能环保、运量大等优点。地铁已经成为现代城市的重要交通工具。

▲ 地铁相对来说也有一些缺点，比如建造成本较高，容易受地震、水灾等自然灾害的影响。

296 轻轨是一种速度快、污染小的新型交通工具。它由现代的有轨电车发展而来，既能够在地面上运行，又可以在高架轨道上运行。轻轨的运行不受道路状况的影响，极受人们的欢迎。

轻轨与地铁一样，具有载客量大、速度快的特点，而且轻轨大多使用电能驱动，不会产生污染。▶

原来如此

伦敦地铁是世界上最早的地下铁路，它早在 1863 年就开始运营了。

◀ 磁悬浮列车一般有三种：永磁式磁悬浮列车、长导电吸引式磁悬浮列车和超导电推斥式磁悬浮列车。

现代交通的奥秘

237 港口是供船舶进出和旅客、货物集散的水路或陆上设施。世界上吞吐量在1亿吨左右的大型港口有十多座，从事国际贸易的港口约有2000座。港口按所在位置一般分为河港、海港和河口港，按用途主要分为工业港、渔港等。

▲ 天津港口是中国北方最大的综合性港口和重要的对外贸易口岸。

298 完整的铁路运输包括很多程序，缺一不可。如果没有完善的运输系统，火车将无法顺利运行。现在的火车动力来源于柴油或电力，后者需要完备的电气化系统，现今火车供电方式最为普遍的是高架电缆及轨道供电。

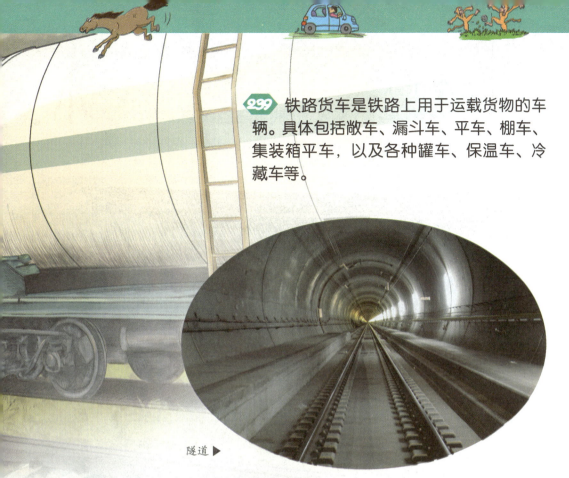

299 铁路货车是铁路上用于运载货物的车辆。具体包括敞车、漏斗车、平车、棚车、集装箱平车，以及各种罐车、保温车、冷藏车等。

隧道 ▶

240 隧道是修建在山体地下或海底的通道。巨大的挖掘机在地下挖掘隧道供汽车、火车和各种管道线路通过，可以大大减轻地面上的交通压力。

▼高速道路需要设有隔离栅栏、防护网、墙垣、照明设备等安全设施，以及加油站、公用电话、休息站、洗手间等服务设施。

241 高速道路是指专供汽车分道行驶的高速公路。高速道路的行车道一般在四条以上。公路两侧设有一定宽度的临时停车道，供紧急停车使用。

▼ 独木舟的出现为造船技术的发展做出了不可磨灭的贡献。

242 最早的水上运输工具是独木舟，是人类为了满足觅食需要而制造的。它的制作方法非常简单，就是将一根木头挖空，人可以坐在里面划行。随着技术的不断发展，人们又学会了用更多的木头建造更大的船舶。

◀ 最初帆船的材质为木材，现在人们也会利用其他的材料进行制作。

243 关于帆船的记载最早出现在古埃及文明中。帆船借助自然风力前行，极大地节省了人力。帆船按照桅的数量可以分为单桅与多桅帆船，按照船底部的形状可以分为尖底和平底帆船两种。

244 客船也被称为客轮，是运送旅客的船舶，也可以装运少量的货物。现代的客船设有居住船舱和公共船舱，它的避震性能优良，乘客会有舒适的乘坐体验。客船通常有固定的航班和航线，是许多国家的重要客运工具。

客船的船身瘦长，像是一座巨型的建筑物。▶

与此相关 "泰坦尼克"号是 20 世纪初英国巨型豪华客轮，代表了当时船舶设计的最高水平。不幸的是，它在首航时就因撞上冰山而沉没了。

集装箱货船是以装载集装箱为主▼
要任务的运输船舶。这样的货轮
具有装卸方便、停靠时间短、对
货物的损害程度小等优点。

▼ 集装箱货船的外形细长，舱口大，
上层建筑不是在船头，而是在船
中或是船尾的部分。这样能够使
集装箱都集中在甲板上。

245 货轮就是运送货物的轮船，不管是大型游轮，还是小型拖船，包括载车渡船等都属于货轮的范畴。货轮不像客船那样拥有上层的构造，除了发动机舱和居住舱以外，其余的空间几乎可以全部用来装载货物。相对而言，货轮的速度慢，但载重量大且成本较低。

246 潜艇是一种特殊的军事舰艇，它可以通过调节压载水箱来完成上浮和下潜。潜艇大部分时间都在深海中航行，具有私密性与安全性等优点，除此之外，还能够在水中打击海中、海上、陆地以及空中的目标。

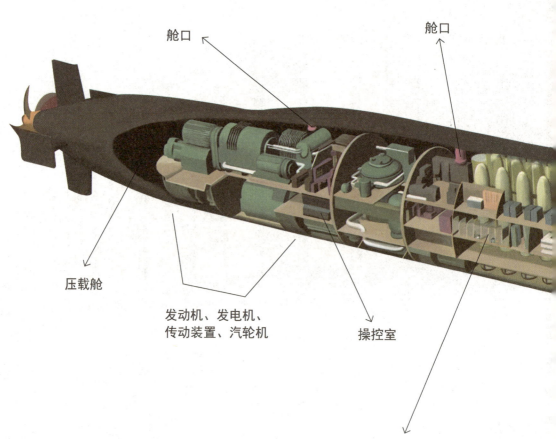

舱口

舱口

压载舱

发动机、发电机、
传动装置、汽轮机

操控室

医疗室、卫生间、
浴室、洗衣室等

▲ 随着技术的不断进步，以核能为动力的潜艇逐渐取代传统潜艇。核潜艇的出现和核战略导弹的运用，使潜艇发展进入一个新阶段。

▼ 俄亥俄级核潜艇是美国海军于 1976 年开始建造的一
个核动力潜艇等级。

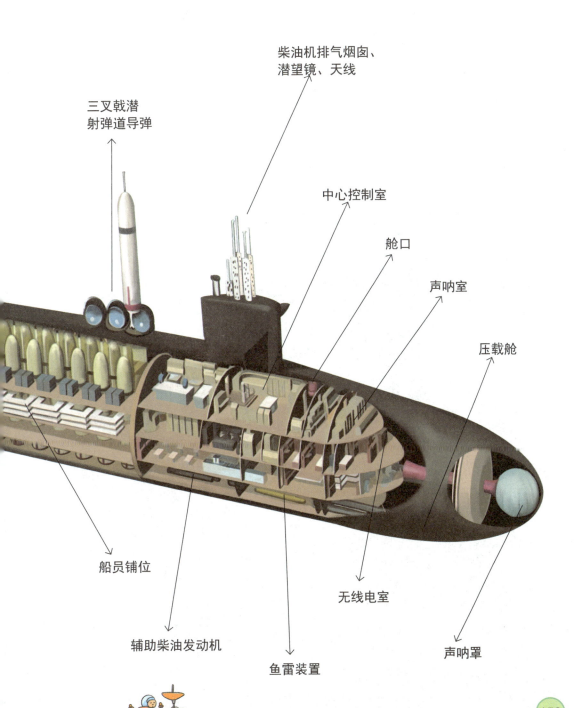

柴油机排气烟囱、
潜望镜、天线

三叉戟潜
射弹道导弹

中心控制室

舱口

声呐室

压载舱

船员铺位

辅助柴油发动机

鱼雷装置

无线电室

声呐罩

247 早期潜艇的侧面形状与水面船舰较为相似，这是因为早期潜艇主要是以水面航行为主，水下航行为辅。第一艘执行攻击任务的潜艇是美国独立战争时期的"海龟"号潜艇。

▼ "海龟"号仅有一人操作，它的外形像一个椭圆的鹅蛋，外壳由橡木制成，潜艇外还挂有炸药包。但"海龟"号潜艇内的氧气只能供人使用 30 分钟，不适合长时间作战。

248 潜艇里的生活十分枯燥乏味，不过，它的内部拥有完善的生活、用水、照明、医疗等设施，用来保持适宜的生存和活动环境，保障船员的健康。

▲ 美国"海狼"级核潜艇，具备航速快、噪声小和隐蔽性能高等优点。

249 核潜艇可根据所装载的导弹分为两种类型：一种是以战术巡航导弹、反舰导弹、鱼雷为主要攻击武器的攻击型核潜艇，另一种是以远程弹道导弹为主要武器的导弹核潜艇。

250 鱼雷艇是以鱼雷为主要武器的小型高速水面战斗舰艇，诞生于美国南北战争时期（1861 年至 1865 年）。

▼ 图中 MK-48 型鱼雷是美国海军新装备的重型潜用鱼雷，主要装备在核潜艇上，用来攻击潜艇和大中型水面舰艇。

原来如此

1620 年，荷兰的物理学家科尼利斯·德雷贝尔成功研制出了人类历史上第一艘潜水船。

251 人们在飞机出现之前，就已经发明了热气球来实现飞上天空的梦想。热气球利用燃烧器加热气囊中的空气，利用加热器来调整球囊中气体的温度，进而控制气球的升降。除此之外还利用了热胀冷缩的原理，让热气球的比重变轻，从而升空。

252 热气球主要由球囊、吊舱和加热装置三部分组成。球囊不透气，最初的球囊是丝制的，现在则主要使用强化尼龙、涤纶等材料，这些材料又轻又结实。标准球的形状为水滴形，但也能够做出其他形状的异形球。

253 人乘坐的吊舱是用藤条制作的，这是因为藤条能够缓和着陆时所受到的冲击。大多数的吊舱是四边形的，也有小部分是三角形的。吊舱中有铝制的压缩气罐，出于安全考虑，气罐口装置了计量器。

254 燃烧器是热气球的核心装置。它以丙烷、液化气等为主要燃料。燃烧器的火力强劲，点燃时还伴有巨大的响声，即使被风吹，也不会熄灭。

◀ 一般在热气球的内部都会设有两个燃烧器，以防在空中出现故障时换用。

现今的热气球多用于▶
休闲娱乐或气象学者
收集气象信息。

◀热气球的吊舱

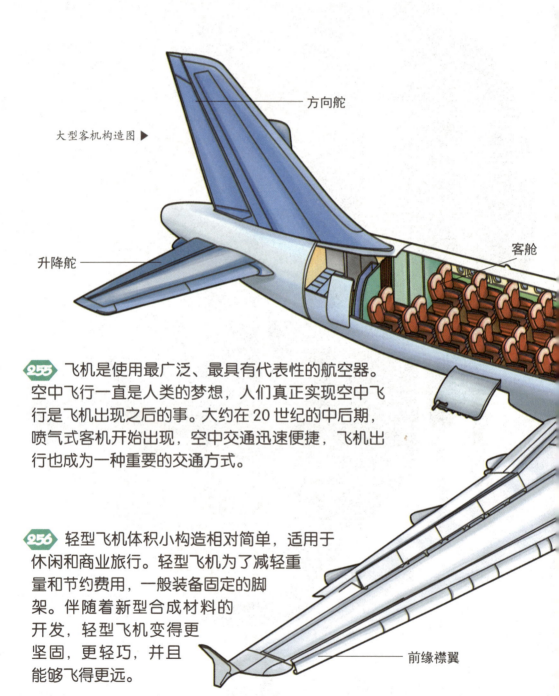

大型客机构造图 ▶

方向舵

升降舵

客舱

前缘襟翼

255 飞机是使用最广泛、最具有代表性的航空器。空中飞行一直是人类的梦想，人们真正实现空中飞行是飞机出现之后的事。大约在 20 世纪的中后期，喷气式客机开始出现，空中交通迅速便捷，飞机出行也成为一种重要的交通方式。

256 轻型飞机体积小构造相对简单，适用于休闲和商业旅行。轻型飞机为了减轻重量和节约费用，一般装备固定的脚架。伴随着新型合成材料的开发，轻型飞机变得更坚固，更轻巧，并且能够飞得更远。

257 协和式客机是世界上第一种投入运行的超音速客机，它由英、法两国联合研制，协和式客机的运行速度可以达到两倍音速，远超普通客机的速度。

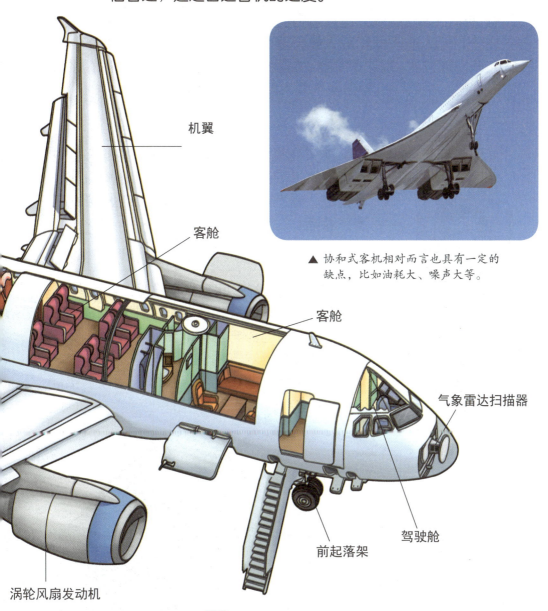

机翼

客舱

▲ 协和式客机相对而言也具有一定的
缺点，比如油耗大、噪声大等。

客舱

气象雷达扫描器

驾驶舱

前起落架

涡轮风扇发动机

258 1955 年开始投入使用的波音 777 系列客机采用了最新的设计模式。"波音 777-300"客机曾一度是世界上最大的双引擎客机。

159

探索太空

259 在地球的大气层以外运行的各类人造飞行器都属于航天器，航天器主要分为无人航天器和载人航天器两大类。无人航天器包括各种功能的人造地球卫星、月球探测器、太阳探测器，以及其他的宇宙探测器。而载人飞船、航天飞机等则属于载人航天器。

260 航天飞机是可以重复使用的、往返于地球和近地轨道间的航天器。航天飞机通常采用火箭推进，返回地面时能像滑翔机或飞机那样下滑并着陆。

261 在一项新的空间技术正式投入使用之前，科学家们会发射技术试验卫星来评测该技术在太空中的优势与劣势。试验结束后，科学家们会对新技术做相应的调整，直到排除一切隐患，最后才正式将该技术应用在各类航天项目中。

▲ 航天飞机能帮助人类自由进出太空，它的发明是航天史上的重要里程碑。

262 人造卫星是环绕地球、在空间轨道上运行的航天器。人造卫星有很强的功能性，例如：负责通信的称为通信卫星，负责气象观测的则被称为气象卫星。

▲ 气象卫星将收集的数据和拍摄的卫星云图，传回到地面上的气象站。

263 随着社会的进步和科技的发展，火箭不仅成为先进的军事武器，更被视为人类进入太空的梯子。人类利用火箭将人造卫星、载人飞船、空间探测器、空间站等先后送入了太空，实现了进入太空的伟大梦想。

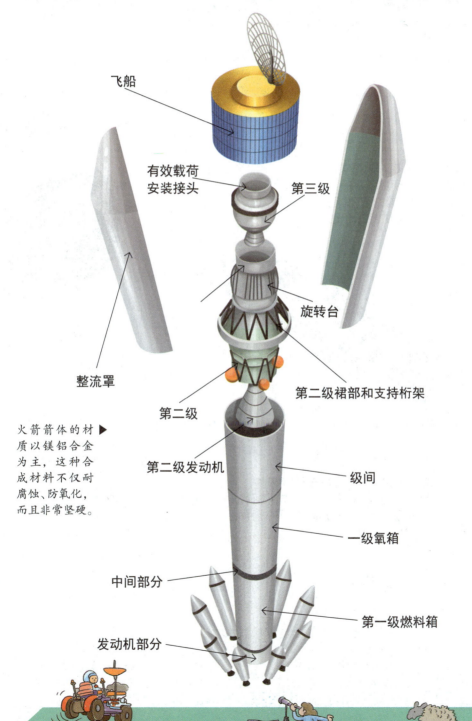

飞船

有效载荷安装接头

第三级

旋转台

整流罩

第二级裙部和支持桁架

第二级

火箭箭体的材质以镁铝合金为主，这种合成材料不仅耐腐蚀、防氧化，而且非常坚硬。

第二级发动机

级间

一级氧箱

中间部分

第一级燃料箱

发动机部分

264 太空站又称为空间站，是在太空中运行以供航天员在太空中长期工作与生活的载人航天器。太空站主要用来进行天文学、地球观察等观测实验。在空间站运行期间，宇航员的替换和物资、设备的补充都由航天飞机运送。

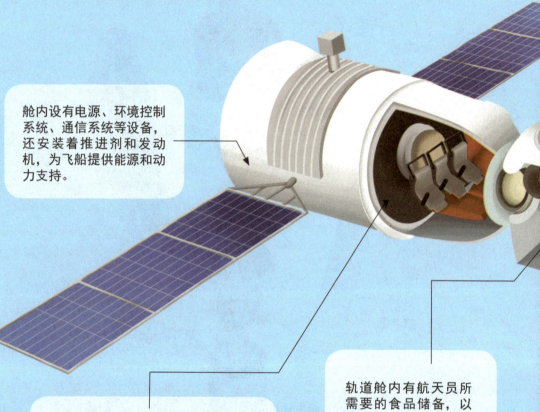

舱内设有电源、环境控制系统、通信系统等设备，还安装着推进剂和发动机，为飞船提供能源和动力支持。

返回舱内有仪表和报警照明设备，除此之外还安装了手动操作手柄等专用配套设施，这里是飞船的指挥控制中心。

轨道舱内有航天员所需要的食品储备，以及大小便收集器等生活所需物品。大量的空间实验仪器也放置于此。

▲ 天宫一号与神舟九号宇宙飞船成功对接，这不仅为我国建立自己的空间站奠定了基础，还为空间站的扩大和科研人员的进入做了充分的准备。

激光测距仪、微波雷达可以精准地测量出神舟九号与天宫一号的位置、距离，实现准确对接。

实验舱是密封的，它分为三部分。前锥段、柱段可以为航天员提供活动空间，容纳航天员在轨工作、生活。后锥段安装着再生式生命保障系统。

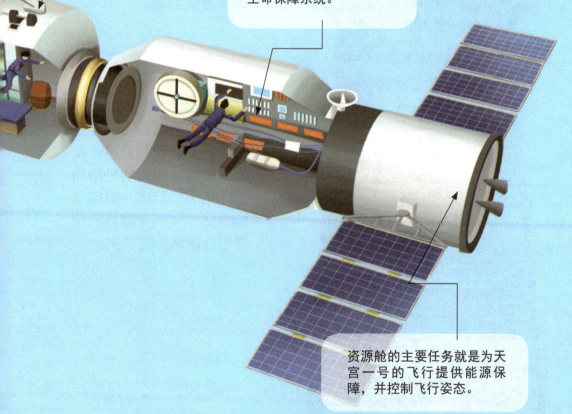

资源舱的主要任务就是为天宫一号的飞行提供能源保障，并控制飞行姿态。

265 灯塔普遍建在航道的关键位置，一般都是塔状，所以叫作灯塔。塔身由特殊材料构成，可以适应和抵御港口恶劣的自然条件。灯塔的高度根据对灯光的照射距离要求而定。

266 地面上实行交通管制，空中当然也不例外。空中的交通管制是通过技术手段对飞行活动进行监视和指引，防止飞机与飞机相撞，飞机与障碍物相撞等危险情况的发生。

◀ 现在的大型灯塔的内部都有先进的生活和通信设施。

267 导航卫星最初只应用于军事，由于社会迫切需求，才逐渐应用于日常生活中。导航卫星将导航信息传送到安装在汽车、飞机和轮船上的全球定位系统（GPS）导航仪上，汽车、飞机和轮船便可以在最安全、距离目的地最近的线路上行驶，大大降低了运行成本。

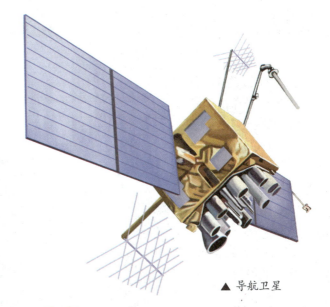

▲ 导航卫星

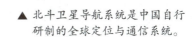

▲ 北斗卫星导航系统是中国自行研制的全球定位与通信系统。

268 全球定位系统就是我们经常说的 GPS。无论在什么样的气候条件下，处在地球上任何位置的人，只要手里有一部 GPS 接收器，就可以确定自己所在的位置、运动速度以及准确的时间等。

◀ GPS 接收器可以在任何时候接收信号，从而确定自身的位置。

奇妙的科学

▼ 在现代生活中，各种机器、工具都是在科学中孕育而生的。

269 科学是一个非常大的范畴。科学都包括什么呢？我们生活中也有科学的存在吗？当然。科学存在于我们生活中的方方面面。自行车、手机、电脑、汽车、电灯泡等物品都是科学发展的产物，不止这些，包括摩天大楼、桥梁和航天器的建造也都离不开科学。

▼ 除此之外，我们还可以利用科学探索宇宙、预测天气等。

大大小小的机械

270 千万不要以为跷跷板只是一种健身的体育器材，它也是一种利用杠杆原理的机械装置呢。每当小朋友们在玩跷跷板时，其实就是在利用杠杆原理。一根绕着固定点上下晃动的棍子就是一个杠杆。一个小朋友坐在离支点较远的地方就可以把另一端坐在离支点较近的地方的成人跷起来。

▼ 除了跷跷板之外，剪刀、扳子、钓鱼竿等也运用了杠杆原理。

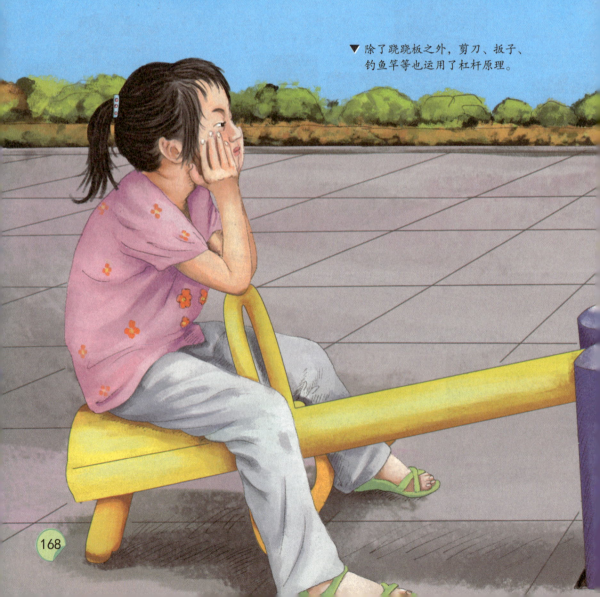

生活中你会发现很多斜面，它也是一种简单的机械，沿着斜面走到高处比直接跳到高处要容易得多。

◀ 跷跷板的支点位于中间，完美地运用了杠杆原理。

271 螺丝是一种简单实用的机械。螺丝本身是带有很多细小螺纹的小金属柱，只要将它轻轻地拧动，就能够完成需要很大力气的推拉或上举工作。

◀ 螺丝在工业与生活中都占有重要地位，一般用于紧固金属、机器部件。

272 轮子的诞生使我们能够到达更远的地方。轮子属于一种简单的机械，像是一个大大的圆盘，能够围绕着中心轴进行转动。有了轮子，我们想移动重物时或是去较远的地方时就变得方便多了。

一般情况下，卡车与火车的车轮要大一些，而溜冰鞋上的轮子则小得多。图中为小轿 ▲
车的轮子。

273 滑轮是一种可以节省力气的用来提升重物的简单机械。滑轮的边缘有一圈细小的凹槽，绳子和链条都可以从中穿过。将几个滑轮组装在一起，就能够很轻松地抬起很重的物体。

◀ 滑轮

274 齿轮的外形与轮子十分相像，它的外部有很多规则的齿状凹槽，一般用于改变传动或转动的方向、速度等，可以提高工作效率。

齿轮 ▶

热能的奥秘

275 所谓的热能也可以称为生命能源。生活中，我们每天的家务劳动、体育运动、工作学习等都需要消耗热能。除此之外，马路上驾驶的车辆也需要热能的支持，从冶炼钢铁到塑料成型等各种生产活动也离不开热能。

原来如此

烟花的颜色之所以如此绚烂，除了依靠金属元素的反应之外，温度也起到了很重要的作用。在发光发亮时，它们的温度能超过 1000℃，正是在这样的高温条件下，这些金属材料才能吸收到足够的能量，发出耀眼的光芒。

▼ 烟花在被点燃的刹那间，
除了会发出剧烈的声响，
还散发出光与热。

▲ 金属是热的良导体。

276 各种物体都能够传播热量，而那些能够很好地传播热量的物体，我们称它们为热的良导体，反之则是热的不良导体。把金属勺放在一杯热茶里，勺柄很快就热了，这是因为热茶中的热量通过金属勺进行传导，金属是热的良导体。

277 温度是用来表示物体冷热程度的物理量。摄氏度（℃）就是计量温度的单位。一般水结成冰的温度为0℃，沸腾时的温度为100℃。用来测定温度的仪器就是温度计。

温度计中间一般是由液体或固体甚至气体所构成。▶
在温度发生变化时，温度计中的液柱会因热胀冷缩而出现升降。

278 对流是液体或气体进行热传递的主要方式。液体或气体的一部分在受热后会变轻，上升到温度较低的区域，没有受热的部分会相继补充过来，不断地重复同样的过程。我们也可以通过火焰周围的热空气来感受这个过程。

▼ 蜡烛的使用拥有十分悠久的历史，直到现在它也是照明的主力之一。

原来如此

热量除了通过热的良导体进行传导之外，还能通过哪种方式进行传导呢？其实，热量还能够通过看不见的"热射线"向外传递，热量这样的传导方式被称为热辐射。太阳的热量就是通过这种方式传递到地球上的。

279 通常情况下，家用轿车所使用的都是汽油发动机。空气与汽油相互混合后被推送进气缸的内部，在气缸内反应后形成高压并向下推动活塞。大部分的家用轿车的发动机有 4 至 6 个气缸。

▼ 四冲程汽油发动机工作原理图

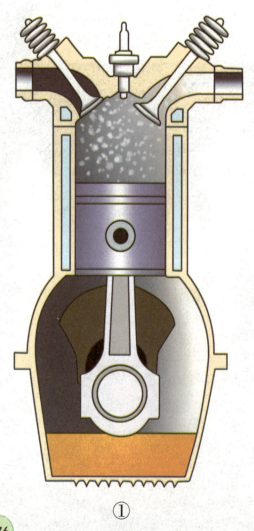

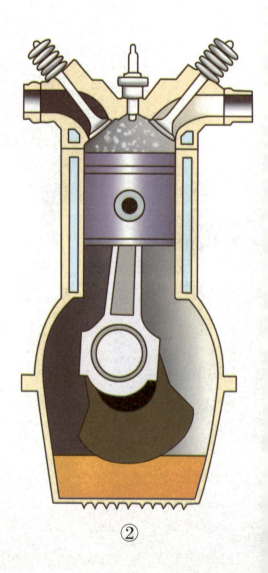

① ②

①进气行程：进气门开启，排气门关闭。

②压缩行程：进、排气门全部关闭。

③做功行程：在压缩行程接近上止点时，装在气缸盖上方的火花塞发出电火花，点燃所压缩的可燃混合气。

④排气行程：做功行程接近结束时，排气门开启。

与此相关 汽油发动机具有转速高、结构简单、造价低廉等优点，小型汽车多使用此种发动机。

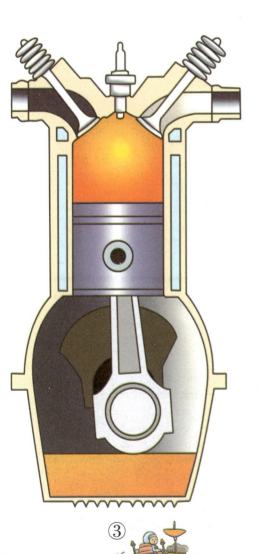

③

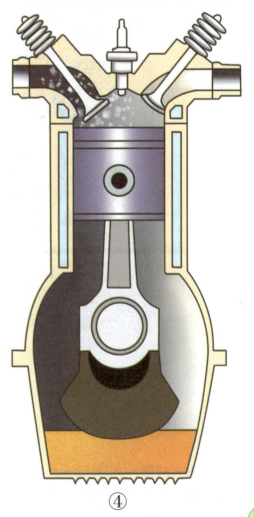

④

280 发动机最早诞生于英国，它利用燃料产生的能量为我们工作，让我们的生活变得更加便利。发动机的燃料在燃烧或是爆炸时，内部所贮存的能量就会以热能的形式释放出来。

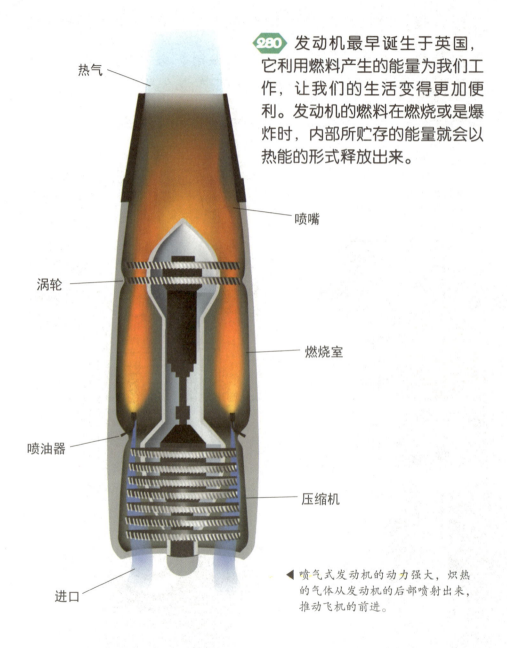

热气

喷嘴

涡轮

燃烧室

喷油器

压缩机

进口

◀ 喷气式发动机的动力强大，炽热的气体从发动机的后部喷射出来，推动飞机的前进。

281 喷气式发动机也属于内燃机。喷气式发动机能够引燃空气和煤油的混合物，使它们发生剧烈爆炸，从而推动飞机高速行驶。

282 发动机燃烧燃料时会通过排气管释放废弃物和一些微小的颗粒，这些物质会对环境造成严重的污染，因此我们在尽力研究新型环保发动机。

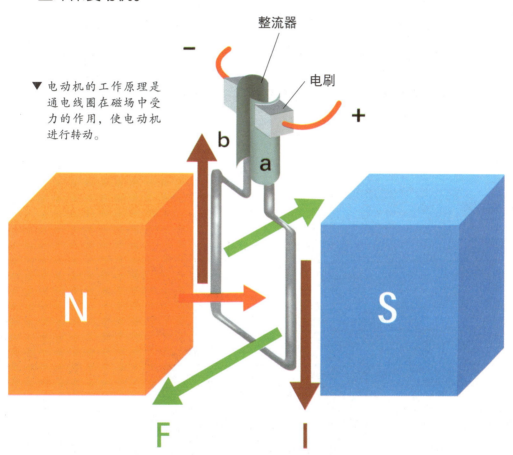

整流器

电刷

▼ 电动机的工作原理是通电线圈在磁场中受力的作用，使电动机进行转动。

−

b

a

+

N

S

F

I

283 电动机与内燃机相比，更加环保与高效。电动机利用通电线圈产生动力，线圈通电后会产生磁力，进而拉近或是排斥周围的磁铁。磁铁所产生的这种推拉作用能够使线圈绕轴进行转动。

原来如此

一般在卡车、挖掘机、拖拉机与火车这些需要大量动力的机车上使用柴油发动机。

交通工具中的科学

284 科学给生活带来极大的便利，如果没有科学，我们在陆地上的一切活动就只能依靠步行或是骑马了。现今的科学家与工程师们发明了很多便捷的交通工具，其中使用最为广泛的便是汽车。大家可以结伴乘坐火车、汽车、飞机、轮船等出游，既节省时间又能够减少污染。

电动轮式拖车 ▶

285 登机廊桥是一个可以伸缩的走廊，直接通向飞机的舱门。而登机廊桥是由电动轮式的拖车牵引它四处移动。采用登机廊桥的形式帮助旅客上飞机，相对安全，尤其是为初次乘坐或是在陌生地乘坐的旅客减轻了负担，提高了运行效率。

▼ 现今我们所见到的机场都非常大，不断有飞机起飞降落。要有很多的工作人员协同合作才能确保一切按时完成。

▲ 登机廊桥

286 无论是哪种交通方式，都需要确保安全与准时。机场塔台内部的空管人员通过雷达跟踪飞机，利用无线电与飞机进行联络。信号灯会发出无线电的信号，从而告知机组人员当前的航向以及与目的地机场的距离。

▼ 飞机所飞行的路线称为空中交通线，也称为航线。

▲ 飞机与地面上的工具有所不同，它具有不同的飞行姿态，可以发生仰头、低头、左倾斜、右倾斜等变化。

287 平常我们在马路上驾驶车辆时要遵守交通规则，并依据信号灯的指示来行驶。在铁路上行驶时，火车司机同样要遵守不同颜色的信号灯指示，比如，红灯代表停止。铁轨上的传感器会记录下经过的每一辆火车，这些信息会通过无线电传输到控制室，从而得知火车的具体位置。

▼ 铁路上的信号灯与我们常见的信号灯有所不同。铁路信号灯只有两种颜色，分别是红色和绿色。

神奇的磁铁

◀ 磁铁能吸引铁、镍、钴等金属。

288 磁铁所带有的磁力非常神奇。磁力是一种看不见的力，它的作用速度是光速。

▲ 有的磁铁力量非常强大，可以拉起整辆汽车。

289 磁铁可以产生磁场。磁铁就是原子和电子呈线性排列的铁或钢，也就是说磁铁内部所蕴含的磁力是叠加的。磁力围绕在磁铁的周围，形成磁场。

290 能够通电的电线周围也具有一定的磁场。如果将电线绕成一个圈，那么电线本身的磁力就会增强。这种通电的线圈叫作电磁铁，它的磁力与普通的磁铁一样，但当切断电流后，磁力也会随之消失。

▼ 如图所示，磁铁上磁性最强的两个部分叫作磁极，条形和马蹄状的磁铁的磁极在磁铁两端。

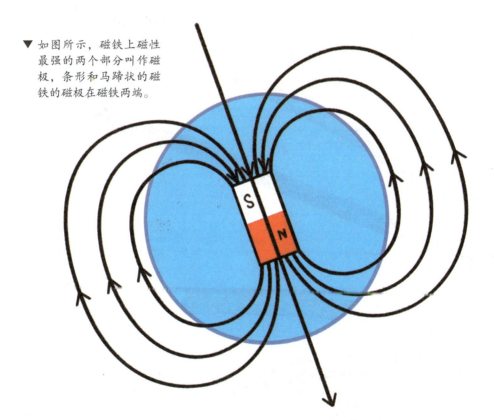

291 磁铁的两极分别被称为指南极（S）和指北极（N）。两块磁铁的同极是相互排斥的，反之则互相吸引。磁铁的两极都能够吸引钉子、螺丝这一类含铁的物质。

电改变了生活

292 你能想象没有电的生活吗？无法点亮的黑夜，电视机中消失的画面，由此可以看出，电在我们的生活中充当着十分重要的角色，也是我们最需要的能量之一。电通过电线与成千上万的电器相连。

▼ 通常情况下，只有在闭合电路中才会有电流形成，切断电路后，电流也随之消失。

293 物质多由分子组成，分子由原子组成。电的产生主要依靠原子中的电子，一部分物质中的电子受到"推动力"后会跃入旁边的原子中。当成千上万个电子一起跃入原子中时，就产生了电流。

▲ 电线

 与此相关 电池或发电站的发电机提供产生电流的"推动力"，也就是我们常说的电压。电压的单位是伏特。

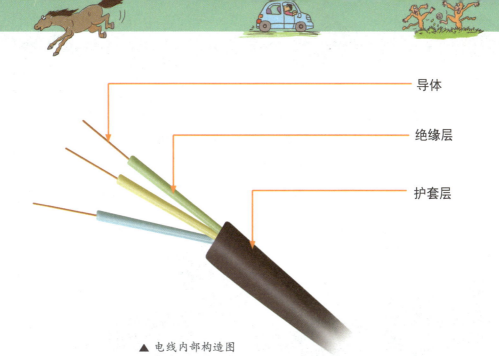

导体

绝缘层

护套层

▲ 电线内部构造图

294 电池的金属外壳内部包含化学物质，电池可以将化学能转化为电能。两种不同的物质交换电子之后就会产生电流。

▼ 电池泛指可以产生电能的小型装置。

295 发电站所产生的电能是怎样运送到千家万户的呢？事实上，人们利用架在电缆塔上或埋在地下的电缆将电传输到各地，这就是配电。这些电缆中的电压高达几千伏，非常危险。

▲ 蒸汽涡轮

296 1884 年，爱尔兰著名的工程师帕森斯爵士发明了蒸汽涡轮。这种涡轮能够用 200℃的高压蒸汽来驱动发电机，每分钟转动 4800 次，运转起来非常平稳，它每秒钟能够产生 10 万焦耳的电能，相当于 100 千瓦 / 时。今天，仍有很多的发动机利用蒸汽涡轮来驱动。

原来如此

　　电流能在水和金属等物质中传导，这些物质被称为导体。而像木头、塑料、玻璃等物质，电流无法通过，我们便称它们为绝缘体。

▼ 高压电缆塔
将电缆高高
架起，提高
了安全系数。

声与影的奥秘

997 空气中有很多的秘密，比如空气中充满了各种波，除非利用特别的仪器，否则我们既看不到也听不到这些波。无线电波便存在于其中，它主要应用于广播和电视，传播的距离也非常远。长波绕着地球表面传播，而短波则可以在地面与空中之间经过几次连续反射。

◀ 收音机

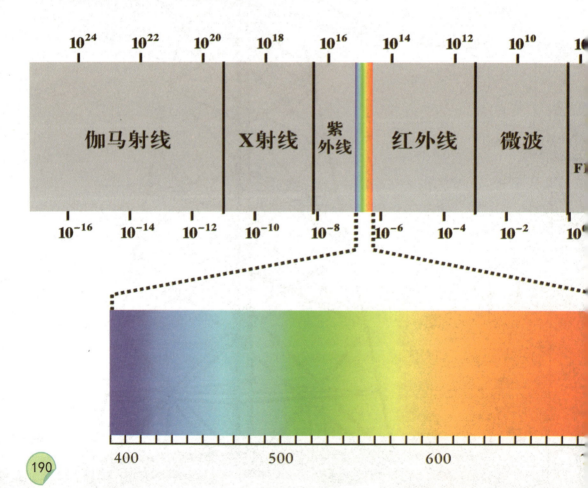

298 广播和电视节目的信号以无线电波的形式从地面发射塔发射出来。有时也由太空中的人造卫星负责传输节目信号。

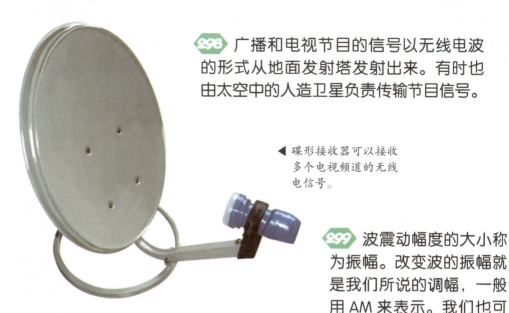

◀ 碟形接收器可以接收多个电视频道的无线电信号。

299 波震动幅度的大小称为振幅。改变波的振幅就是我们所说的调幅，一般用 AM 来表示。我们也可以在收音机上找一找 AM 的标志。

300 频率是在单位时间内周期性变化的次数。改变频率就是所谓的调频，一般用 FM 来表示。生活中的调频（FM）广播要比调幅（AM）广播的信号更清楚，受环境的影响也较小。

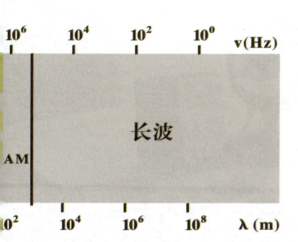

▲ 不同的波长及表现形式。

301 无线电信号在电视机的内部就转换为电信号。一部分进入扬声器形成声音，一部分通过屏幕形成影像。

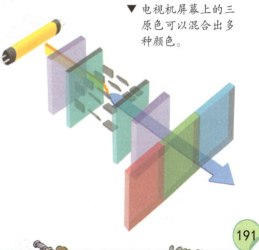

▼ 电视机屏幕上的三原色可以混合出多种颜色。

902 我们都认为计算机非常神奇，但计算机是一种程序化后的产物，它必须得到明确的指令之后才能够进行工作。因而我们需要通过各种方式输入指令或信息。

显示器

音响

数码摄像头

通过敲击键盘、使用外接游戏 ▶
手柄等方式，就能够向这台机
器传输指令了。

键盘

303 绝大多数的计算机都是依据键盘和鼠标所发出的指令工作的。电脑屏幕上所出现的光标箭头就是在鼠标控制下移动的，我们可以用鼠标点击菜单中的选项进入系统。

机箱

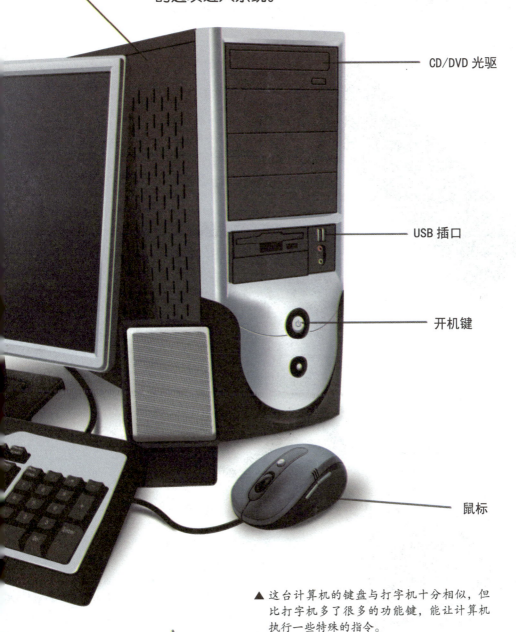

CD/DVD 光驱

USB 插口

开机键

鼠标

▲ 这台计算机的键盘与打字机十分相似，但比打字机多了很多的功能键，能让计算机执行一些特殊的指令。

904 计算机内的信息以及指令都存放在存储器中。存储器一般分为两种：随机存储器与只读存储器。前者会随着计算机工作任务的变化而变化，后者则更像是一本使用计算机的说明书，包含着计算机怎样启动或微芯片怎样工作等指令。

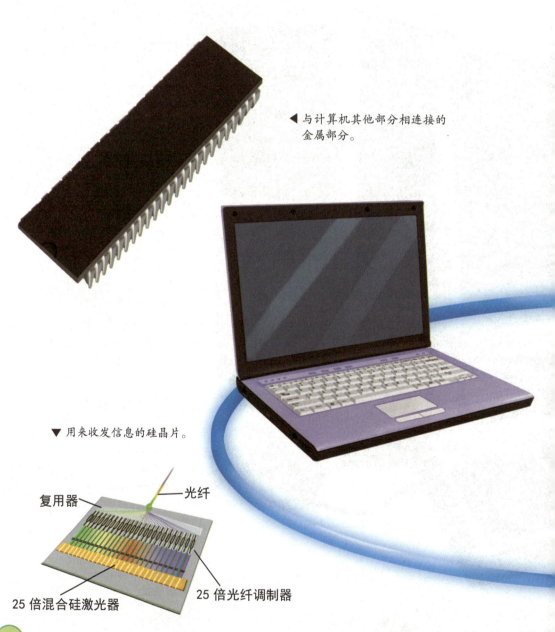

◀与计算机其他部分相连接的金属部分。

▼用来收发信息的硅晶片。

复用器

光纤

25 倍混合硅激光器

25 倍光纤调制器

905 与因特网相连，世界就在你的手掌之间。网络是最神奇的现代科技之一，它就像是一张看不见的网，将世界各地所有已经入网的计算机都连在了一起。

906 手机也被称为移动电话，不仅机身小巧，而且功能也非常多。除了接打电话和发送信息以外，手机还具有拍照、听音乐与玩游戏等功能。现今，人们手中的智能手机也演变成了迷你版的"掌上电脑"。

▼ 网络以电波、无线电波等形式覆盖着全球。

◀路由器是连接因特网的设备。

原来如此

万维网是一个巨大的信息资源库，拥有大量的网页，除此之外，任何人都可以通过因特网从万维网中得到服务。

195

不拘一格的材料

907 我们使用的各种物品，比如汽车、衣服、杯子等，都是用不同材料制成的。我们所用的材料也有很多种，像金属、玻璃、塑料、布等。不同的材料有不同的用途，其中最常见的一类是金属，比如铁、铜、银、金等，一些需要坚固或耐用材料的地方会使用金属。

车体是由碳纤维制作而成的

赛车的前翼十分特别，它能够产生使车体向下的力

赛车上的数千个零件是 ▶ 用很多种不同的材料制造而成的。

车轴是用质量轻但材质结实的钛制作而成的

908 塑料是如何制作的呢？制作塑料的材料主要来源于石油中的物质。塑料的使用寿命比较长，而且受天气和湿度的影响较小，是很好的隔热和绝缘体。

909 石灰石和沙子等材料可以混合后制成玻璃。混合后的物质经过高温加热之后会变成清澈而黏稠的液体，冷却后会变硬。玻璃的特点之一就是它的透明性好。

尾翼

用强度大、韧性好的橡胶制作的赛车轮胎经得住较高速的行驶

方向盘

910 复合材料是人们运用先进的材料制作技术将不同性质的材料组合而成的新材料。

奇妙的化学世界

911 从某种角度来讲，世界是由好多的化学物质构成的。有些是纯净物，有些是化合物。石油是这个世界上利用价值最高的一种化学物质，我们可以从石油中提炼并加工出多种不同的化工产品和原材料，例如油漆、肥皂等。

912 从油井中开采出来的，没有经过加工的石油叫作原油。原油在炼油厂的分馏塔里被高温加热，产生的物质升向塔顶，因塔内各层的温度不同，各种气态物质会在不同的温度下变成液态，我们家用轿车所使用的汽油就是这样提炼出来的。

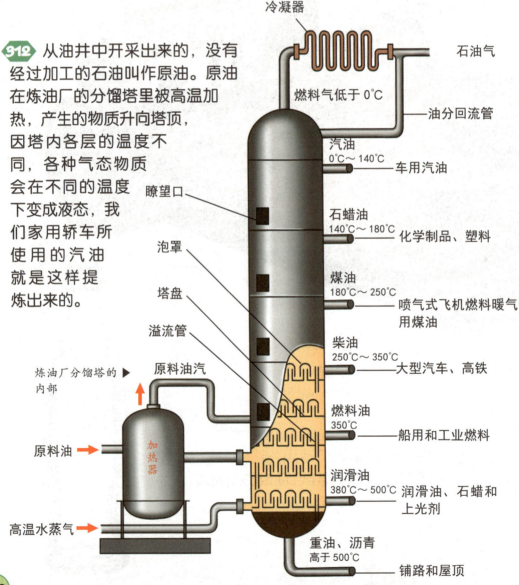

冷凝器

石油气

燃料气低于 0℃

油分回流管

汽油
0℃～140℃ —— 车用汽油

瞭望口

石蜡油
140℃～180℃ —— 化学制品、塑料

泡罩

煤油
180℃～250℃
—— 喷气式飞机燃料暖气用煤油

塔盘

柴油
250℃～350℃
—— 大型汽车、高铁

溢流管

燃料油
350℃
—— 船用和工业燃料

▶ 炼油厂分馏塔的内部

原料油汽

原料油

加热器

润滑油
380℃～500℃ —— 润滑油、石蜡和上光剂

高温水蒸气

重油、沥青
高于 500℃
—— 铺路和屋顶

913 酸和碱都是化学物质，并且它们都分为不同的强度。酸有类似于柠檬酸的弱酸，反之还有硫酸这样的强酸；碱分为弱碱和强碱。

◀ 石蕊试纸遇酸变红，强酸具有腐蚀性，能灼烧其他物质。

914 酸碱相遇会发生化学反应，反应后所产生的物质就是盐。我们家里做菜用的食用盐也是其中的一种，化学名称为氯化钠。

▲ 石蕊试纸遇碱变为蓝紫色，强碱摸起来滑滑的，与强酸一样，强碱也具有腐蚀性。

◀ 石蕊试纸在通常情况下，颜色越深，酸或碱的强度就越大。

"看不见" 的原子

315 什么是原子？事实上，原子很小，是构成物质的最小单位。即使是上亿的原子聚集在一起，我们肉眼仍旧无法看到。

316 我们常说的原子核位于原子的中心，其中包括质子和中子，质子带正电，中子不带电。

原来如此

一粒沙至少含有 1000 万个原子。如果把原子放大的话，那么沙子也会变大。

原子核

电子在运动

917 不同的元素中质子和中子的数量也不相同。氢原子一般只有一个质子，氦原子则有两个。通常在聚会中所使用的能漂浮在空中的气球都是注入了氦气。

918 原子中所含有的电子围绕着原子核高速运动。原子核中的质子带正电，核外电子带负电。

◀ 每一种物质的特性都是由它的原子内部的结构决定的。

包含电子的球状外壳

电子

科学家的工作

919 与科学相关的领域数不胜数。科学家们在进行一项实验时，首先要有一定的想法，这个想法一般被称为理论或假设，是预测在某种情况下会发生什么。预测过后，他们就需要科学实验进行验证。

920 通过实验来验证结论是很多科学家的必备功课。科学实验都要经过仔细的设计和严格的检查才能够得出有价值的结论。

与此相关 像实验室、工厂、办公室、矿区、炼钢厂、天然景区等地方都可以是科学家们工作的场所。

321 实验中较为重要的部分就是测量和记录。任何一项数据或是其他的变化都需要进行测量和记录，一些重要的实验现象甚至需要拍照或录像。

▼ 科学家们正在实验室里进行实验。

322 科学家在接收到实验结果后对结果进行分析和研究，并根据实验过程中的数据绘制出图形或表格。

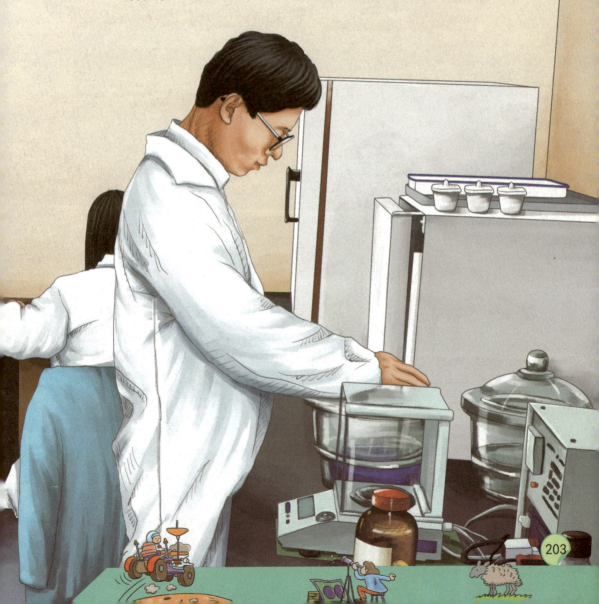

大自然中的科学

323 科学不仅给人类的生产生活带来了影响，给大自然也同样带来了影响。科学家们研究动物、植物、岩石和土壤，他们想要了解更多与自然有关的知识，并进一步揭示科学发展对野生动、植物所产生的影响。

324 生态学也是一类较为复杂的科学。生态学家需要了解和研究整个自然界是怎样联系在一起的，例如，动物与植物是如何生长的，它们需要什么样的营养物质才能够更好地存活，不同土质中的植物生长的速度有什么不同，这些需要生态学家们考察与记录。

▼ 工厂、电站以及飞驰在公路
上的车辆所排放出来的气体
对空气、土壤和水源都有一
定的危害。

325 大自然中的植物与动物是
如何生长和生活的已成为现今
科学家们最喜爱研究的课题之
一。他们利用很多高科技手段
来观察动物的生活习性，比如
利用特殊的摄像机观察动物的
生活状态，或是为它们佩戴一
些特殊的项圈以确定它们的位
置等。

原来如此

　　大自然中的一些
动物能够感应到地球
的磁场，从而辨别南
北方向，还能够根据
地球引力的变化来确
定方向。

326 水车也被称为孔明车，是中国最古老的农业灌溉工具。水车最早出现于阿尔巴尼亚以及南斯拉夫地区，当地人依靠湍急的水流推动水车工作，后来罗马人发明了工作效率更高的立式水车。

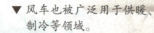
▼ 风车也被广泛用于供暖、制冷等领域。

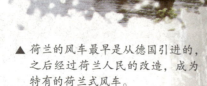
▲ 荷兰的风车最早是从德国引进的，之后经过荷兰人民的改造，成为特有的荷兰式风车。

327 风是大自然中常见的自然现象，地球自转以及太阳照射地球都会导致空气温度不均形成风。风能是一种安全、可再生的绿色能源，应用领域很广。最早利用风力的发明是帆船。在公元前 3500 年左右帆船面世，当时的船上只有一面方形的船帆。后来，在部分阿拉伯国家出现了用来碾磨谷粒的风车。现在，风车并没有随着社会的发展而被淘汰，人们利用它的优势为生活创造更多便利。

水车不仅在旱时可以用来提水，在低处有积水的地方也能够用来排水。

▲ 水车利用水力带动，可以日夜不停地灌溉。

328 早期的蒸汽机时常有爆炸的危险。世界上第一台蒸汽机是由古希腊数学家希罗发明的汽转球，那是蒸汽机的雏形。直到 1804 年，英国人理查德·特里维西克发明了能在轨道上运行的蒸汽机。

▼ 早期蒸汽机

▲ 蒸汽机的出现推动了机械工业甚至社会的发展，解决了大机器生产中较为重要的问题，也推动了交通运输业的进步。

风能是由太阳能转化而来的，而到达地球的太阳能中只有 2% 转化成了风能，但它的总量却是巨大的，而且风能是清洁、环保的可再生能源。

229 我们今天所使用的一些大型风力涡轮机所产生的电量足以供上千户的家庭使用。

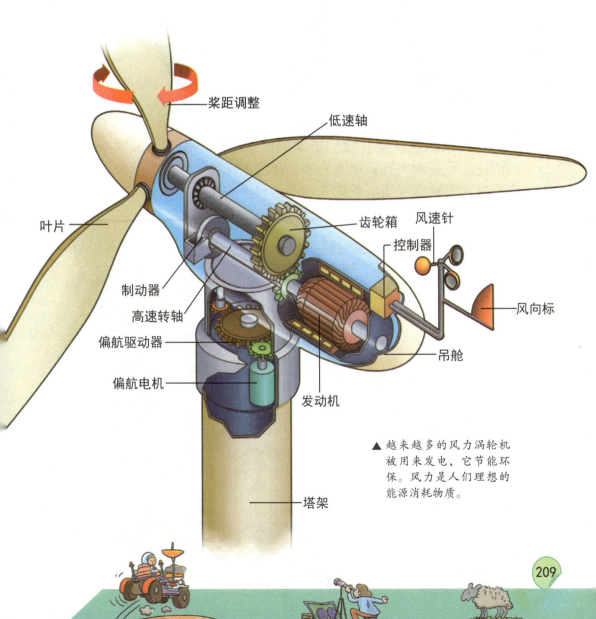

桨距调整

低速轴

叶片

齿轮箱

风速针

控制器

制动器

高速转轴

风向标

偏航驱动器

偏航电机

吊舱

发动机

塔架

▲ 越来越多的风力涡轮机被用来发电，它节能环保。风力是人们理想的能源消耗物质。

把物体放大

▼ 随着读书的人越来
越多，眼镜也变得
尤为重要。

990 小小的眼镜能够让我们更清楚地观察这个世界。最早的眼镜出现在意大利，意大利的工匠因工作需要制作出了玻璃透镜，这种镜子可以帮助人们阅读很小的文字。

早期的显微镜拥有很多透镜，它们都 ▶
具有很强的放大功能，但清晰度并不
是很高。

991 世界上第一台显微镜是由荷兰人发明的，但当时的人们并没有意识到它的重要性。直到 16 世纪 90 年代，荷兰的查卡里亚斯·詹森制造出了配置更加齐全的显微镜，才引起了世人的重视。

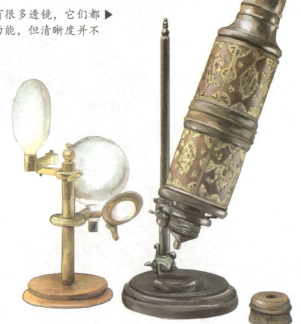

392 英国著名的数学家、物理学家牛顿于 1670 年利用光的反射原理发明了反射望远镜，这种望远镜的光线无须穿过透物镜，所以避免了光线经过折射后所产生的色差，而且它的焦距相对来说也比较短，视野更开阔。

▲ 望远镜

393 射电望远镜与普通的望远镜有一定的区别，你无法直接通过射电望远镜来观察事物。射电望远镜主要是依靠一个碟形天线来接收太空的无线电信号，它的灵敏度和分辨率都很高。

▼ 一般情况下，射电望远镜的天线能够朝着任意方向转动。

394 德国人恩斯特·卢卡斯发明了第一台电子显微镜，可以将物体放大上千倍。而现今的新型显微镜可以将物体放大几百万倍。

995 早期的航海家们通过辨别星星的位置来确定航行的方向。大约在公元前 1000 年，叙利亚的部分商人就能够进行远离大陆的航行，而且不会迷失方向。他们知道某些星星固定出现在某一方位，比如北极星永远都出现在北方。

996 磁罗盘能够为航海家导航，即使在看不见星星的情况下，人们也能够凭借磁罗盘判断方向。

中国人大约在 3000 年前就发 ▶
明了磁罗盘，而欧洲人在大约
1000 年前才开始使用。

◀ 六分仪

997 六分仪发明于 1732 年，能测量远方两个目标之间的夹角，航海家们就是利用这种仪器来确定位置的。

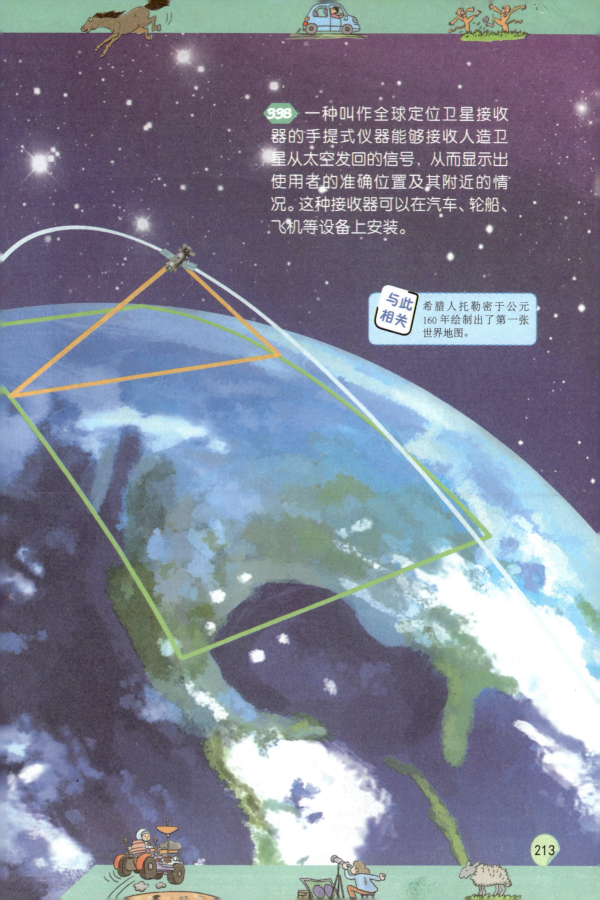

338 一种叫作全球定位卫星接收器的手提式仪器能够接收人造卫星从太空发回的信号，从而显示出使用者的准确位置及其附近的情况。这种接收器可以在汽车、轮船、飞机等设备上安装。

与此相关 希腊人托勒密于公元160年绘制出了第一张世界地图。

339 1877 年，美国人托马斯·爱迪生通过用针在滚筒或是管子上划的划痕发明了录制声音的方法。将针再次放到划痕上就能够重新播放录下的声音。

▲ 爱迪生是伟大的发明家。第一段被记录下来的声音是童谣《玛丽有只小羊羔》。

340 德国人埃米尔伯林在 1887 年发明了圆盘录音唱片。录音用的唱片要用钢针播放，唱片非常容易磨损，也比较容易破碎。1948 年出现了密纹唱片，这种唱片能够双面录音，并且不容易被损坏。

◀ 早期的电唱机在录音时要经常上发条，它的扬声器是一个大喇叭。

941 世界上公认的第一幅照片是由法国人约瑟夫·尼舍福·尼埃普斯于1827年拍摄出来的。早期的照相机都是些庞然大物，图像是在玻璃底片上形成的。直到1886年，美国人乔治·伊斯曼研制出卷式感光胶卷，由此简化了复杂的拍照程序。

942 所谓的激光唱片就是我们常说的CD。1983年，唱片公司开始采用这种小巧、轻便的存储介质。

▲ CD播放器中的激光束能从CD上读取经过编码的声音。

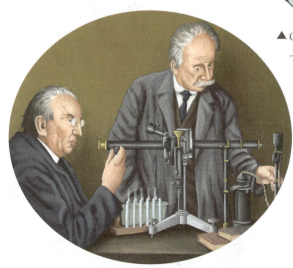

943 1888年，托马斯·爱迪生的公司拍摄出了电影。法国卢米埃尔兄弟发明的电影放映机让所有的观众都能够一起观看投射在银幕上的电影。

▲ 卢米埃尔兄弟不仅发明了电影放映机，还拍摄了电影，并且开办了世界上首家公共影院。

乐器的奥秘

344 石器时代的人类用动物的骨头和长牙制造出了摇响器和其他的发声器具。打击乐器是那些通过击打或摇动才能发出声响的乐器。

945 石器时代的欧洲人发明了哨和长笛，骨头和鹿角是他们制作这些乐器的原材料。长笛的演奏方式一直没有发生太大改变，人们一边吹气一边用手指盖住或放开管身上的笛孔，吹出悠扬的旋律。

946 最早期的竖琴是利用龟甲制成的，现代的竖琴与古代的大多数竖琴一样，琴弦长短不一。

947 风笛的模样和声音都十分独特，它最早出现在 2000 多年以前的印度。

948 钢琴里面敲击琴弦的是加垫的音锤。第一架类似于钢琴的乐器出现在 1480 年左右，按下琴键时，它的琴弦会被拨动，而不是敲击音锤。相比现在的钢琴而言，它的声音更轻柔。

949 小号是管弦乐队中声音最响的乐器之一。人们曾经在埃及法老图坦卡蒙的陵墓中发现过小号，它的历史可以追溯到公元前 1320 年。

350 一些非洲部落过去常使用"说话鼓"传递信息。美国原住民曾使用烟雾信号传递信息，即使在数千米以外也能看得见。在电话等现代通信设备出现之前，远距离通信只能依靠简单的方式完成。

351 电话可以将你的声音传播到世界各地。苏格兰人亚历山大·格兰姆·贝尔发明了电话，它能把人的声音转化为电信号，然后传送到另一台接通的电话听筒中。

◀ 在野外，人们利用燃烧植物后释放出浓烟来发送信号。

352 无线电信号能够直接在空气中传播，不需要依靠任何导线。

353 无论身处何处，你都能够利用移动电话与人通话。你的声音信息加载在一种叫作微波的无线电波上，这种电波把你的声音从一个天线传送到另一个天线，直到到达你想要与之对话的那部电话中。

◀ 电视实况图像被发送给太空中的人造卫星，再由人造卫星传送到地球的各个地方。

354 旗语在古代也是一种主要的通信方式，直到今天，海军仍然使用手旗进行船舰间的信息联络。1838年，美国人萨缪尔·莫尔斯发明了一种由长短可变的电流信号或光信号构成的代码，叫作莫尔斯电码。这种代码信息可以沿着电报电线传输，或者通过闪光来传递。

▼ 不同的旗子，不同的旗组代表不同的意义。

355 你知道吗？微波炉的发明竟源于一根融化的巧克力棒。美国人珀西·斯宾塞工作的地方有一台微波机，他偶然间发现这台微波机使他口袋里的巧克力棒融化了，他便由此受到启发。1953 年，珀西·斯宾塞发明了微波炉。微波炉发出的微波能够使食物由内向外升温，所以鸡蛋会在微波炉中炸开。

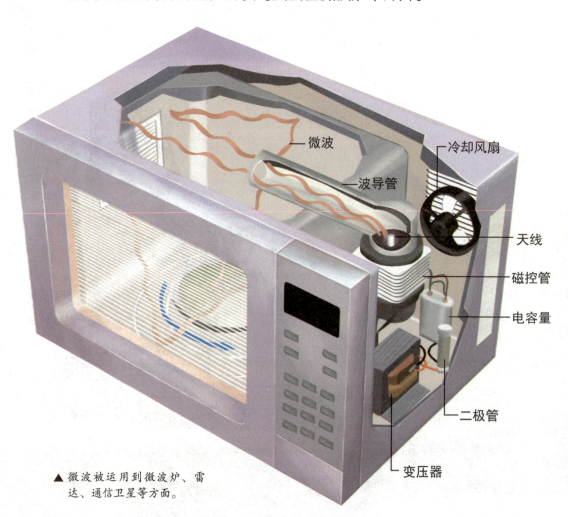

微波

波导管

冷却风扇

天线

磁控管

电容量

二极管

变压器

▲ 微波被运用到微波炉、雷达、通信卫星等方面。

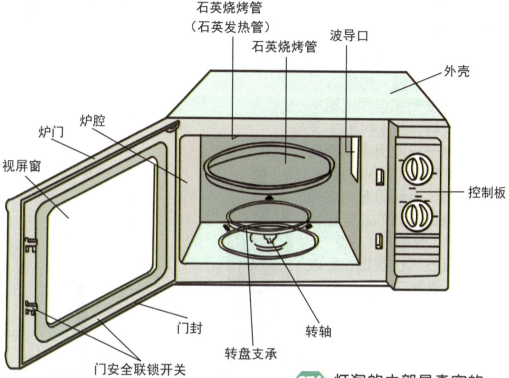

石英烧烤管
（石英发热管）

石英烧烤管

波导口

外壳

炉腔

炉门

视屏窗

控制板

门封

转轴

转盘支承

门安全联锁开关

956 灯泡的内部是真空的。如果灯泡中有空气进入，灯丝就会立即被烧坏，也正是因为空气进入灯泡内部的缘故，才致使最初制作灯泡的实验都以失败告终。1879 年，美国人爱迪生发明了气密灯泡，它照明的时间很长，直到 1882 年，爱迪生创办了第一家电灯公司。

957 4000 年前，在希腊的克里特岛上，抽水马桶就已经安装在了国王的宫殿里。这些马桶运用的都是天然的雨水。直到 18 世纪，在英格兰出现了一拉把手就能够冲水的马桶。1855 年，托马斯·瓦夫德发明了第一个全瓷的抽水马桶。

358 汉密尔顿·史密斯于1858 年发明了世界上第一台洗衣机，洗衣机的主要部件是一只圆桶，桶内有一根带有桨状叶子的直轴，轴是通过摇动和它相连的曲柄进行转动的。但这台洗衣机工作起来比较吃力，并且极易损伤衣物，所以并没有得到广泛的使用。

▼ 这台洗衣机的产生，标志着利用机器洗衣的时代来临。

359 古人经常将冬天的冰块藏于地窖中，等到第二年取出来放在隔热的青铜或是红木箱子中，中间放食物。我们现在所使用的冰箱的雏形出现在 19 世纪，不过，这种早期的冰箱却使得很多人失去生命。这是因为冰箱在使用的过程中会有有毒的气体释放出来。直到 1929 年，人们开始改用无毒的氟利昂，现在，因为氟利昂会破坏大气层，所以使用氟利昂作为制冷剂的冰箱也在逐步淘汰。

◀中国古代最早
出现的冰箱。

360 吸尘器是一种利用电
动抽风机来清除灰尘、污物
的机器。随着风扇的转动，
污物和灰尘被收进集尘袋
中，由此达到清洁的目的。
世界上第一台研制成功的真
空吸尘器需要一辆马车才能
拖动，它是由休伯特·塞西
尔·布斯于1901年发明的。

◀ 现代的吸尘器

图书在版编目（CIP）数据

人类社会的360个奥秘 / 稚子文化编绘. -- 长春：
吉林出版集团股份有限公司，2019.1（2022.8重印）
（大开眼界系列百科：高清手绘版）
ISBN 978-7-5581-4393-9

Ⅰ.①人… Ⅱ.①稚… Ⅲ.①社会科学－少儿读物
Ⅳ.①C49

中国版本图书馆CIP数据核字(2018)第254158号

大开眼界系列百科 高清手绘版

RENLEI SHEHUI DE 360 GE AOMI

人类社会的360个奥秘

作　　者	稚子文化
出版策划	齐　郁
项目统筹	郝秋月
选题策划	姜婷婷
责任编辑	颜　明
出　　版	吉林出版集团股份有限公司（www.jlpg.cn） （长春市福祉大路5788号，邮政编码：130118）
发　　行	吉林出版集团译文图书经营有限公司 （http://shop34896900.taobao.com）
电　　话	总编办 0431-81629909 营销部 0431-81629880/81629881
印　　刷	鸿鹄（唐山）印务有限公司
开　　本	720mm×1000mm 1/16
印　　张	14
字　　数	175千字
版　　次	2019年1月第1版
印　　次	2022年8月第3次印刷
书　　号	ISBN 978-7-5581-4393-9
定　　价	68.00元

印装错误请与承印厂联系　电话：13901378446